KB231016

모든 사람의 인생은
말투에서 결정된다

모든 사람의 인생은 말투에서 결정된다

이효정 지음

한국학술정보

프롤로그

20대 초반 첫 사회생활을 했을 적에는 주위사람이 나를 어떻게 볼지 신경을 많이 썼던 사람이었다. 지금은 그런 것들에서 좀 자유롭고 싶어졌지만, 아직도 완벽하게 벗어나지는 못했다.

아마도 모든 이들이 나와 같은 마음이지 않을까….

돌아보면 어른 공포증도 있었고, 긴장되는 일터속에서 상사와 동기, 부하직원, 현장에서는 고객들과 클라이언트를 마주했다.

그들과 커뮤니케이션을 잘해야 했고, 친해져야 했으며, 그들과의 관계에서 선을 그어야 했으며, 때로는 나에게 악의적으로 행동하는 사람을 상대해야 했으며, 그들을 피해야 했고, 그들의 마음을 내편으로 만들어야 했다.

이 책은 사람들과 대화를 나눌 때 당신에게 많은 도움을 줄 것이다. 당신은 이 책을 통해서 관계 속에 존재했던 복잡한 문제들을 아무것도 아닌 것으로 만들 수 있을 것이다. 당신은 같이 대화하고 싶은 매력적인 사람으로 변할 것이다. 사람들은 그런 사람을 지지하며 신뢰하고 응원한다.

말을 잘하고 싶은 생각을 해보지 않는 사람은 없을 것이다. 듣는 사람에게 큰 웃음을 주며 재치 있게 말하는 사람, 자기 생각을 조리 있게 알기 쉽게 이야기하는 사람, 어느 누가 들어도 감탄할 만큼 매끄러운 말료를 하는 사람들을 부러워하며 그런 화술을 본받고 싶어 한다. 그래야지 처음 보는 사람에게도 호감을 사며 어려운 일도 쉽게 처리할 수가 있다. 궁극적으로는 사람의 마음을 얻어서 성공을 할 수 있다고 믿기 때문이다.

그렇지만 좋은 첫인상과 믿을 만한 사람이라는 신뢰를 주고 일이 잘되지 않을 때도 도와주는 이들이 있는 사람들은 단순히 말을 잘하는 사람이 아니다. 그들은 특별한 화술을 구사하는 게 아니고 누군가의 마음에 상처를 남기는 쓸데없는 말을 하지 않으며 상대가 듣고 싶어 하는 말을 한마디 더 한다. 즉, 점수 깎일 말을 절대 하지 않으며 점수를 딸 수 있는 말을 하여 사람의 마음을 사로잡아서 나아가 성공까지 거머쥔다는 말이다.

상대를 깎아내리는 말버릇과 한마디라도 더 해서 주도권을 잡으려고 하는 태도, 애써 말 걸어 준 상대를 무안하게 하는 답변들 이런 부정적 대화 습관들은 사소하지만 상대의 마음에 상처를 주며 인간관계를 무너뜨린다. 결정적인 실수는 아니라도 빗방울이 계속 떨어져서 바위를 뚫는 것처럼 관계에 균열을 만들어서 되돌릴 수 없게 만드는 것이다.

"너무 부정적이라 같이 일하기 피곤해."

"하는 이야기를 들어보니 위선적이고 이기적이군."

이러한 평가를 듣는 사람은 함께하고 싶어 하는 사람이 없다. 일을 잘해도 성공하는 데는 한계가 있을 것이다. 반면에 늘 긍적적인 말투를 사용하며 사려 깊게 대답하고 맥락과 의도를 고려해 상대의 마음을 알아주는 말을 하는 이들은 언제 어디에서나 늘 긍적적인 평가를 받는다. 따르는 사람이 많으니 하는 일이 잘 풀릴 수밖에 없고, 위기를 겪더라도 쉽게 무너지지 않으며 오히려 그동안 쌓아 온 신뢰를 바탕으로 다시 일어선다.

말을 한 사람은 금방 잊어버리지만 들은 사람은 오랜 시간 마음에 담아 둔다. 그 상대의 얼굴을 마주할 때 과거에 들었던 말을 떠올리면서 '잊을 수 없는 응원을 해준 사람', '내가 하는 일마다 방해하면서 의욕을 꺾는 사람'이라며 되새기는 것이다. 회사나 집에서 매일 마주하는 관계는 물론 어쩌다 업무로 만나게 된 사람들, 오랜만에 만난 친구 등 잠깐 보는 사람들에게도 말의 힘은 강력하게 작용한다. 그러한 사실을 잊지 않는 것에서부터 우리들의 대화법은 달라질 수 있다.

이 책은 어떻게 하면 대화가 술술 풀릴까? 라는 소소한 고민에서부터 시작하여 관계의 달인은 어떻게 대화하는가? 라는 주제로 넘어간다. 이처럼 소소한 실천법과 노하우를 담아내어 독자들이 생활에 적용할 수 있도록 구성하였다. 책을 쓰면서 '아 다르고 어 다르다'는 말이 머릿속에 자꾸만 맴돌았다. 결국 말투는 습관이고 습관은 길들이기 마련이다. 악기도 좋은 소리를 내기 위해서는 인고의 시간과 노력이 필요하다. 말투도 악기를 연습하는 것처럼 계속 연습해야 느는 것이다.

내가 사회생활을 하며 느낀 점이지만 말 한마디가 사람의 인생을 바꾼다. 면접 때에도 짧은 시간이지만 커뮤니케이션을 통해서 그 사람의 됨됨이와 성격 등을 짐작할 수 있으며, 실제로 결과에도 많은 영향을 미친다. 그렇기 때문에 평소에 사람들이 말투, 대화법 등에 많은 관심을 가지는 것이기도 하다.

또한, 이 책의 내용 중 사람을 얻는 대화법 주제에서는 겸손함을 이야기한다. 겸손함은 어쩌면 사람들이 만들어낸 성격일 수도 있다는 생각이 든다. 그만큼 겸손이란 의식하여 노력하지 않으면 어려운 것이기 때문이다. 겸손하면 사람을 얻을 수 있으며, 신뢰받을 수 있는 강력한 힘을 지녔다. 독자 여러분들도 충분히 공감하여 겸손함을 기르는 데 많은 도움이 되었으면 한다. 이 책을 천천히 읽으며 말의 중요성과 삶의 방향을 생각해볼 수 있는 계기가 되었으면 좋겠다. 그리고 관계에 지친 사람들에게는 선물이 되는 책이기를 바란다.

마지막으로 내가 책을 쓸 수 있도록 지도해 주신 이상민 작가님, 늘 옆에서 묵묵히 지켜봐 주고 응원해 준 가족들과 친구들 지인들에게 깊은 감사 인사를 전한다.

2024년 9월

이효정

목차

제1장

어떻게 해야 대화가 술술 풀릴까?

제1장

어떻게 해야 대화가 술술 풀릴까?

1. 상대의 마음이 열리는 질문하기

좋은 질문이란 따로 있다. 질문하는 법만 제대로 알아도 내가 원하는 걸 얻을 수 있고, 때로는 삶의 전략적 무기도 될 수 있다. 사람들은 평소 많은 질문을 한다. 질문에 답은 없다. 내가 알고자 하는 바를 얻기 위해 묻는 것이기 때문에 특별히 정해진 공식은 없다. 미국의 천문학자 칼 세이건은 《코스모스》에서 '이 세상에 바보 같은 질문은 없다.'라고 말한다. 질문하는 것을 두려워하지 말라는 뜻이다. 우리들의 앞에 놓인 질문의 허들을 넘게 해주는 말이다.

좋은 질문을 하기 위해서는 다음 네 가지 지침을 기억하자. 첫째, 과거를 돌아보는 질문보다는 미래를 그려보는 질문이 상대방을 움직인다. 둘째, 옳은 말만 먹히는 것은 아니다. 어떤 점이 문제인지보다 무엇이 가능한지를 긍정적으로 논의하라. 셋째, 애매한 대답을 하는 상대에게는 한 걸음 더 들어가 질문을 던지면 된다. 구체적인 대화를 나눠야 같은 목표로 향할 수 있다. 넷째, 나의 취약성을 인정하면서 겸손한 질문을 하면 상대도 나를 진실하게 대한다.

개방형 질문과 폐쇄형 질문

질문에는 개방형 질문과 폐쇄형 질문이 있다. 개방형 질문이란 '누가, 언제, 어디서, 무엇을, 어떻게, 왜' 이 중의 한 가지를 사용해 질문을 던지는 것이다. 소개팅 자리에서나 면접 자리에서 흔히 받는 질문이다. 이 질문의 특징은 "예", "아니요"로 답변할 수가 없다는 것이다. 개방형 질문과 반대인 폐쇄형 질문이란 "휴대전화 고장 났어?" "집까지 태워다 줄까?"와 같은 질문이다. 즉, "예"와 "아니요"로 대답할 수 있는 질문이다. 폐쇄형 질문을 던지는 사람은 대화에 대한 통제권을 계속 보유하게 되는 특징이 있다. 구체적으로 이야기를 해보자. 다음 두 가지 질문이 있다.

> 폐쇄형 질문: "바람이 시속 170킬로미터 이상 속도로 휘몰아쳤잖아요. 집들이 완전히 무너져 내릴 때는 많이 두려우셨나요?"
> 개방형 질문: "이번 태풍은 풍속이 강했는데 휩쓸렸을 당시 심정이 어떠셨나요?"

질문은 상대방으로부터 답을 끌어내기 위한 것이다. 질문 내용이 상세할수록 답변이 짧아진다. 질문 내용이 단순할수록 답변이 길어진다. 때로는 가장 간단한 질문이 가장 복잡한 답변으로 이어질 때도 있다. 그러면 아마도 이러한 답변을 듣게 될 것이다. "네, 정말 많이 무섭고 두려웠어요." 기자가 "태풍으로 인해 바람에 휩쓸렸을 때 기분이 어떠셨나요?"라고 묻는다고 하자. 훨씬 더 흥미로운 답변을 듣게 된다. 계속해서 "어떤 소리를 들으셨나요?", "바람이 어떻게 느껴지던가요?"와 같은 질문을 이어서 할수도 있다. 이러한 질문들이 개방형 질문들이라고 할 수 있다.

개방형 질문은 상대방에게 어떤 일이 일어났는지 알 수 있도록 해준다. "두렵다"라는 표현은 당시 기분을 묘사하기에는 적합한 단어가 아닐지도 모른다. 개방형 질문을 쓰면 생각을 말할 수 있게 된다. 대화는 맥락에 의존하는 것인 만큼 "개방형 질문이 더 좋다. 폐쇄형 질문이 더 나쁘다."라고 할 수는 없다. 앞에서 한 얘기를 보면 개방형 질문이 더 좋은 것 같다는 생각이 들기도 한다. 하지만 빠르게 답을 얻어야 할 때는 폐쇄형 질문을 던지는 것이 좋다. 폐쇄형 질문을 함으로써 구체적이고, 간단명료하고, 빠른 답변을 끌어낼 수 있기 때문이다.

개방형 질문은 대화 시에 통제권을 상대방에게 넘겨준다. 즉, '왜' '어떻게'로 시작되는 질문을 받으면 마음껏 답변할 수 있는 자유를 누리는 것이다. 내 경우도 마찬가지였다. 비서로 근무하던 시절, 상사가 "오늘 내 스케줄 뭐가 있나?", "저번에 클라이언트가 뭐라고 했었나?"와 같은 개방형 질문을 했을 때 상세하고 긴 답변을 할 수 있었다. 나는 아래처럼 대답했다.

사장님과 직원의 개방형 질문

질문: "오늘 내 스케줄 뭐가 있나?"

답변: "오전에는 따로 일정 없으시고요, 오후에 김 회장님과 미팅 있습니다."

질문: "저번에 클라이언트가 뭐라고 했나?"

답변: "기존에 상의했던 대로 진행하는 것이 좋다고 했습니다."

개방형 질문을 위한 말투

개방형 질문을 제대로 던지기 위해서는 계속해서 훈련할 필요가 있다.

모든 질문을 시작할 때 육하원칙으로 하기는 어렵다. 하지만 개방형 질문을 제대로 던진 뒤에 받게 되는 답변의 질 자체는 확연히 다르다. 소설가 제임스 스티븐스는 이렇게 썼다. "우리는 질문을 던짐으로써 현명해진다. 그 질문에 대한 답변이 주어지지 않는다 하더라도 현명해지는 건 마찬가지다. 속이 꽉 찬 질문은, 집을 달고 다니는 달팽이처럼, 답변을 등 뒤에 달고 다니기 때문이다." 질문이란 때론 하나의 영감이 되기도 하며, 더 많은 탐색을 위한 자극제가 되기도 한다. 우리가 맺게 되는 훌륭한 관계 대부분은 간단한 질문으로부터 시작된다.

질문의 중요성

질문의 질을 높이기 위해서는 질문을 많이 던져 봐야 한다. 사람들은 보통 대화 중에 질문을 잘 안 한다. 이는 대화를 자기중심적으로 끌고 가려고 하기 때문이다. 하지만 질문에는 대화를 이끌어갈 강력한 힘이 있고, 질문이란 배려를 나타내며, 상대에게 관심과 사랑을 표현하는 일이기 때문에 대화에서 질문을 잘 활용한다면 상대를 내 편으로 만들기 쉽다. 내성적인 친구들로부터 말을 끌어내며, 격려해 주고 생각을 일깨우기 위해 질문을 활용해 보자. 친구가 어려움에 처한 경우 질문을 해보자.

대화 전문가인 프레드 로저스는 질문의 힘을 이렇게 묘사했다. "힘들고 어려운 시기에 우리가 서로에게 해줄 수 있는 최상의 일은 귀와 가슴을 열고 상대방의 말을 들어주는 것입니다. 질문도 답변 못지않게 중요하다는 사실을 깨달아야 합니다." 진지한 질문을 통해 우리를 좋아하지 않는 사람들의 마음도 열어젖힐 수도 있다.

사회 심리학자 로버트 치알디니는 저서 《설득의 심리학》에서 당신을 싫어하는 사람을 당신 편으로 끌어들이는 전략을 두 가지 제시한다. 첫째는 '칭찬하기'이고, 둘째는 '조언 구하기'이다. 여기서 조언 구하기가 곧 질문을 던지라는 의미이다. 직장 문제에 어떻게 대처하는지, 힘든 일은 무엇인지, 당신이 나라면 어떻게 할지 등의 질문을 던질 때 나와 상대의 관계는 더욱 끈끈해진다. 질문을 서로 주고받음으로써 여러 종류의 개인적인 사실들을 알게 된다. 당신이 알지 못했던 이야기를 듣게 되는 새로운 경험도 하게 된다. 질문은 상대와 거리를 좁히게 하고, 내가 알고 있는 경험과 지식의 한계를 뛰어넘게 만들어 준다. 훌륭한 질문을 하려면, 순수한 호기심을 품은 상태로써 상대의 말을 경청해야 할 필요가 있다.

일단 좋은 질문을 던졌으면, 답변을 위한 충분한 시간을 상대에게 허용해 주어야 한다. 침묵은 상대가 생각하고 있는 시간을 의미한다. 그들은 사려 깊은 답변을 하게 될 가능성이 높다.

이와 관련해서 신경과학자인 세스 호로비츠는 말했다. "듣는 사람에게 일련의 단어나 소리를 들려준 뒤 오랜 시간 동안 침묵을 유지하면 그들의 뇌 속에 있는 특정한 세포군이 신호를 찾아 나서기 시작합니다. 그런데도 일정한 시간 동안 신호가 나타나지 않으면, 그 침묵 상태는 뇌 속에 있는 흥분 중추와 감정 중추를 자극하기 시작하지요. 이처럼 침묵은 의사소통의 중요한 부분이지만, 사람들은 그 가치에 별로 주의를 기울이지 않습니다." 그의 말은, 곧 침묵은 잠들어 있는 두뇌를 일깨우는 역할을 한다는 것이다. 대화 도중 침묵한다면 당신 자신과 상대방의 마음을 더 깊이 있는 대화 속으로 끌어들일 수 있다.

[소소한 말투 포인트]

상대의 말을 많이 끌어내기 위해서 질문은 한 번으로 끝내지 말자! 계속해서 대화가 이어질 수 있도록 꼬리에 꼬리를 무는 질문을 준비하자.

2. 사소한 말투부터 점검하자

말은 내용이 담겨 있는 그릇이다. 어떤 내용이냐에 따라서 그 말이 작용하는 범위가 달라진다. 내용만큼 중요한 것은 그릇이다. 좋은 내용을 담은 말이란 소리가 아름답고 청아해야 한다. 그래야 그만큼의 가치를 발휘할 수가 있기 때문이다. 아무리 좋은 내용을 담은 그릇이라도 소리와 질이 투박하거나 거칠다면 마이너스가 된다. 사람들은 내용보다는 소리에 더 민감하기 때문이다. 우리는 그것을 '말투'라고 한다.

말투는 자라온 지역 특성과 환경, 가족 구성원 특징과 성격 등의 영향을 많이 받는다. 어릴 적부터 듣고 보고 따른 말소리가 습관으로 형성되어 고착된 것이다. 억양이 세거나, 퉁명스럽거나, 느리거나, 빠르거나, 상냥하거나, 무뚝뚝하거나 등으로 발현된다. 이러한 말투는 입에 밴 습관일 뿐이고 사람을 평가하는 기준은 아니다. 개선하려고 마음먹으면 얼마든지 고칠 수 있으므로 심각한 문제는 아니다. 문제는 지나치게 독특한 말투로 인해서 상대방의 마음에 상처를 입히는 경우다.

건축업을 하는 한 사람이 있다. 농촌에서 2남 3녀 중 늦둥이로 태어나 가족의 보호를 받으며 자랐다. 쉰에 낳은 자식이기 때문에 위의 형제들과 나이 차이도 커서, 무엇이든 자기 뜻대로 했다. 부모 형제들의 과보호 속에 황제처럼 살았다. 제멋대로였고 원하는 것은 모두 가진 그는 성인이 되어서도 불도저 같은 밀어붙이는 성향이었다. 자기 뜻대로 일이 잘 풀리지 않으면 어느 직원을 가리지 않고 큰소리와 거친 말을 서슴지 않았다. 십여 명의 부하 직원이 있었고 1년 이상 된 숙련된 직원은 한 명도 없었다. 그의 거친 말과 험한 욕설을 들으며 오래 일하는 건 쉽지 않기 때문이다.

국어사전에서 말투 뜻을 찾아보면 '말에서 드러나는 독특한 방식 또는 느낌'이라고 나온다. 말투를 조금만 바꿨을 뿐인데 상대를 설득할 확률이 40% 이상 높아진다면 어떨까? 한 사람이 설레는 마음으로 소개팅에 나갔다. 약속 장소에 가보니 외모, 매너, 스타일도 마음에 쏙 드는 이성이 기다리고 있었다. '드디어 나에게도 봄이 왔구나!' 하고는 입꼬리가 올라갔다. 그 순간에, 상대의 입에서 나오는 말투가 천박하면 모든 게 와장창 무너지지 않을까? 모든 게 완벽한 사람이지만 한마디 때문에 대화를 더 이상 나누고 싶지 않은 사람이 된다. 이처럼 격이 떨어지는 말투나 짜증 섞인 말투, 직설적인 말투 등은 좋은 관계를 이루는 데 문제가 된다. 한순간에, 호감에서 비호감으로 전락해 버리게 한다.

직장에서도 마찬가지이다. 실력 있고 항상 활력이 넘치는 직원이 있다. 징징거리는 말투, 신경질적이고 무시하는 말투를 사용한다. 아무리 좋은 의견과 반짝이는 아이디어를 내어도 상대방의 마음은 절대 움직일 수 없다. 이렇게 사소한 말투 하나는 힘들게 다져온 자기 능력을 물거품으로 만들어 버린다. 말투를 바꾸면 사람이 달라 보인다. 입담을 하루아침에 기르기는 힘들다. 말투는 지금 당장 바꿀 수가 있다. 반대로 좋은 말투 한마디가 인생을 바꾸는 데 중요한 역할을 한다. 말투 하나만 제대로 사용하면 상대방의 마음이 움직이고, 대화의 분위기가 달라진다. 일도, 관계도 한결 수월해지는 것이다. 인간관계에서는 '화려한 입담'이 아니라 '사소한 말투'가 상대의 마음을 움직인다. '인생에 극적인 변화를 가져오는 가장 쉬운 방법이면서 가장 강력한 무기'라고 한다. 입담과 말투는 모두 중요하다. 경쟁해야 하는 상황에서, 타인보다 돋보이게 두각을 나타내야 할 때 입담은 큰 힘을 발휘한다. 그와 반대로 말투는 조금 다르다. 특히 지도자, 강자 입장이 되면 말투의 중요성은 더해진다. 나이를 먹고 지위가 높을수록 강한 입담보다 올바른 말투 사용에 주의를 기울여야 한다. 힘이 있다고, 권력을 가졌다고, 우위에 있을 때 방심하고 거침없이 입담을 과시하면 안 된다. 의도와 달리 상대에게는 일종의 언어폭력이 될 수 있음을 잊지 않아야 한다.

성공한 사람들은 감정을 잘 드러내지 않는다

자기 말투가 이렇다 저렇다 하기 전에 자신의 감정이 어떤지를 먼저 이해해야 한다. '감정'이란 숨기고 싶다고 쉽게 숨길 수 있는 것이 아니다. 말, 행동, 표정 어느 것 하나 감정에 지배받지 않는 것은 없다. 감정이 묻어나올 수 있기 때문에 각별하게 조심해야 한다. 내 안에 나쁜 감정이 꿈틀대면 "다음에 이야기할게."라고 말한다. 또는 "생각할 시간이 필요해."라고 일단 시간을 벌어 놓는 것이 좋다. 현명하게 한 템포를 쉬어 가자. 자칫하면 경솔한 말과 행동을 할 수 있고 상대방의 입장을 고려하지 않게 된다.

불쾌한 감정을 상대에게 전이시킬 수 있어서 한 번 더 감정을 살펴보고 이해해야 한다.

자신의 감정을 먼저 이해하고 살피는 것과 상대방의 입장에 대한 이해와 공감도 필요한 부분이다. 내 감정을 살피느라 상대방 감정을 무시하면 자칫 큰 오해와 화를 불러일으킬 수 있다. 사람은 모두 감정이라는 호수를 품고 있다. 잔잔하던 호수에 어떤 외부 자극이 주어졌느냐에 따라서 요동의 차이를 보인다. 나와 상대의 감정을 이해하면서 그 감정에 공감하기는 쉬운 일이 아니다. 서로의 생각과 판단, 이해의 정도가 다르기에 누구도 그 마음 깊이를 헤아릴 수는 없다. 그렇지만 한 가지, 그 다름을 인정하는 태도는 많은 도움이 된다.

성공한 사람들은 자라온 환경에 구애받지 않는다. 다른 문화와 차이를 받아들이는 것에 큰 어려움이 없다. 물론 자라온 환경과 가정교육, 사회교육의 영향을 받는다. 그러나 그것을 무기 삼아서 자신을 합리화하지 않는다. 그들의 장점은 실언을 하지 않고 예의에 어긋나는 언행을 하지 않는다. 공적인 목소리와 사적인 목소리를 구분할 줄 안다. 대부분의 사람들이 상대에 따라 여러 가지 말투를 가지고 있을 것이다. 어떤 사람들은 상황에 따라서 달라지는 말투를 비난할지도 모르겠다. 사람이 언제나 한결같아야지 쉽게 달라지냐며 말이다. 그전에 먼저 자신의 말투부터 점검해 보라. 자신도 모르는 사이에 여러 말투를 사용하고 있음을 알 수 있게 될 것이다.

이들은 사람을 상대하는 법도 잘 알지만, 그들의 인격을 존중하는 법도 잘 안다. 자기 능력만 믿고 타인을 무시하거나, 짓밟지 않는다. 직원들에게 불편한 사항은 없는지 늘 검토한다. 다른 생각을 하는 사람을 배려하며, 새로운 방법을 구할 때 신중한 태도로써 의견을 수렴한다. 지금까지 몸에 밴 습관을 고치기는 매우 어렵다. 노력 없이 되는 것은 아무것도 없다. 자신의 말투에 문제는 없는지, 어떻게 고쳐야 할지를 점검할 필요가 있다.

물을 유리잔에 담으면 마시는 물이 된다. 세숫대야에 담으면 씻는 물이 된다. 용도는 어떤 그릇에 담느냐에 따라서 결정되는 것이다. 말투가 말의 그릇 역할을 한다. 어투가 퉁명스럽거나 공격적으로 느껴지면 본연의 뜻이 그게 아니라고 하더라도 듣는 사람은 마음이 상하거나 오해를 하게 된다.

말투는 가정에서 영향을 가장 많이 받는다. 성격과 기질 등은 그다음이다. 말투를 개선하려고 할 때 가장 중요한 점이 자신을 먼저 이해하는 것이다. 말투와 말버릇부터 올바로 인지해야 한다. 말투는 내가 아무렇지 않다고 해서 해결되는 문제가 아니다. 문제는 내 말투를 상대방이 어떻게 받아들이느냐이다. 노력을 통해서 얼마든지 개선할 수 있으니 필요하다면 조금씩 고쳐 나가도록 하자.

[모두를 내 편으로 만드는 말투 팁!]

- 감정을 드러내지 않는 말투

[소소한 말투 포인트]

까칠함은 금물! 부드러운 말투는 부드러운 관계의 시작이다.

3. 트집에는 'Yes, But & How' 기법으로
효과적으로 대응하기

어떤 동료 직원이 내가 직장에서 말할 때마다 트집을 잡을 땐 어떻게 해야 할까?

회의 시작 전 미리 내 안건에 동의하는 사람들에게 협조를 구하자. 응원군을 만들어 놓는 것이 좋다. 회의에서 또 트집을 잡으려 하면 사전에 동의해 준 사람들 도움을 받아 발언의 힘을 키운다. 여러 사람의 작은 힘이 모이면 트집을 잡는 사람의 힘보다 강할 수 있기 때문이다. 누군가 자신의 의견에 트집을 잡으면 감정이 상하면서 화가 나기 마련이다. 그런 감정들에 휘말리지 않도록 주의하자. 화를 내면 무조건 지게 되는 것을 염두에 두자. 화는 내면 낼수록 화가 더 나게 된다. 기분이 상하지 않게 노력하고, 평소 자신의 표정을 유지하며 자세가 흔들리지 않도록 한다.

그 사람의 트집이 합당한지 정확하게 판단한다. 정당하지 못한 트집이라면 당당하며 단호하게 반감을 표현하는 것이 바람직하다. 이때 절대로 화내거나 얼굴을 찡그리지 않으면서 매너 있는 태도로 대응할 필요가 있다. 'Yes, But & How' 기법을 활용하면 도움이 된다. 먼저 'Yes' 단계에서는 "네, 그렇게 생각할 수도 있겠군요."라는 식으로 말한다. 어느 정도 호응해 주는 반응을 보인다. "그렇지 않습니다", "그것은 아니라고 생각합니다." 등의 말로써 바로 부정하면 안 된다. 상대방은 자존심이 상해 더 트집 잡을 수 있다.

다음으로는 'But'의 단계에서 자신의 의견을 제시한다. "그런데 저는 이렇게 생각합니다." "제 생각에는 이렇게 하는 것이 좋다고 생각합니다."라고 말한다. 상대의 의견에 직접적으로 반대하지 말고 자기 생각을 말한다. 그러면 상대는 자존심 상하거나 기분이 나쁘지는 않다. 반대 의견에 대해 마음의 준비를 하고 있는 상태가 된다. 마음의 준비 없이 반대 의견에 부딪히는 것보다 준비된 상태에서는 받아들이기가 수월하다.

마지막 'How' 단계에서는 트집 잡는 사람과 나 사이의 합의점을 찾아본다. 자존심이 무너지게 하는 것보다는 자존심을 살펴주는 쪽으로 유도하는 것이다. "당신의 의견은 이렇고, 제 의견은 이렇습니다. 어떻게 하는 것이 좋은 방법일까요?"라고 같이 생각해 보자고 제안한다. 그러면 서로 자존심을 지켜주면서 그 상황을 마무리할 수 있는 방법을 찾을 가능성이 높다. 사회생활을 하다 보면 까다로운 사람과 예상치 못했던 난감한 상황과 일들을 많이 만나게 된다. 가장 중요한 것은 그런 상황에서 어떻게 대처하느냐이다. 트집 잡는 사람과 함께해야 하는 까다로운 상황에서도 침착한 태도로 상대에게 말려들지 않는다.

전체를 위하여 그 상황의 피해를 최소한도로 줄이기 위해 노력한다. 트집을 잡는 사람에 대해서 그 심리를 이해하고 자존심을 건드리지 않아야 한다. 이런 사람이 주변 사람들에게 좋은 이미지를 심어주며 신뢰를 얻게 마련이다.

한 모임에서 회의 시간 중 생각하지 못했던 복병을 만나 분위기가 엉망이 된 것을 본 적이 있다. 찬반 의견이 오가는 회의다. 회의진행자는 서로의 마음이 상하지 않도록 회의를 진행했다. 좋은 결정으로 이끌고자 조심스럽게 회의를 이끌어갔다. 평소 말수가 적고 조용한 사람이 회의가 시작되자 회의 진행과 내용에 대해 트집 잡기 시작했다. 진행자는 진땀을 흘리면서 그 사람의 돌출행동에 대응했지만, 트집은 점점 더 심각해졌다. 큰소리를 내는 상황까지 이르렀다. 회의 참가자 중 몇 명이 반대하는 반응을 보일수록 트집의 강도가 심해졌다.

그러한 탓에 사람들이 더 이상 대응할 엄두도 내지 못했다. 트집 잡던 사람은 의견이 받아들여지지 않자 급기야 화를 내면서 회의장을 박차고 나가버렸다. 그 후 회의장 분위기는 엉망이 되고 말았다. 여러 사람이 모이면 그중에 반대를 잘하는 사람들을 볼 수 있다. 모두가 수긍하고 인정하는 내용임에도 굳이 꼬투리를 잡아서 반대하는 것이다. 그런 예리함을 올바른 방법으로 사용한다면 분명히 긍정적인 결과를 낼 수 있다. 그런 사람들은 다른 사람들이 미처 생각하지도 못하는 기발한 발상을 하는 경우가 많다. 그것을 표현하는 데 있어서 조심하지 않는다면 남들의 오해를 불러일으킬 수 있다.

트집 잡는 사람들은 자기를 과시하는 심리가 깔려 있다. '나는 당신과 달라', '나는 당신보다는 더 나은 사람이야.'라는 표현이다. 어떤 일이나 상황을 트집 잡는 행동은 자신을 다른 사람보다 나은 존재로 보이기 위한 수단이다. 실제로 자신이 아주 똑똑하다고 생각하면서 그렇게 인정받고 싶어 한다. 하지만 그런 사람들의 내면을 더 깊이 들여다보면 열등감에 사로잡혀 있는 경우가 많다. 자신의 열등감을 숨기고 자신을 더 부각시키려는 것이다. 열등감이 있는 사람은 다른 사람 의견이나 말을 그대로 따르는 것이 자존심이 상한다고 생각한다. 반대를 위한 반대를 함으로써 자기 자신을 강한 존재로 드러내고자 한다.

물론 트집의 내용이 옳거나 정당할 때도 있을 것이다. 표현이 부족할 뿐일 경우도 있다. 그러한 표현의 부족으로 인하여 사람들에게 좋지 못한 인상을 주게 된다. 트집은 부드럽고 따뜻하게 표현할 수가 없기 때문이다. 트집 잡는 사람은 대체로 부정적인 시각을 가지고 있다. "그건 말이 안 돼", "그 말은 옳지 않아", "그건 무조건 틀렸어."라는 식이다. 긍정적인 점은 뒤로 제쳐 놓고서 부정적인 점만 부각시켜서 드러낸다. 사람들은 그런 부정적인 사람과 되도록 함께 있고 싶어 하진 않는다. 그렇지만 현실은 그런 사람이 늘 주위에 존재하기 마련이다. 그런 사람을 만나면 피하려고 하기보다는 슬기롭게 대처하는 편이 낫다.

트집만 잡는 사람의 문제는 주위 사람들도 부정적으로 물들게 하는 것이다. 그렇게 되면 될 일도 되지 않는다. 누군가 획기적인 의견을 내더라도 한 사람이 계속 트집을 잡으면 추진하기 어려운 분위기가 된다. 특히 트집 잡는 사람 목소리가 크고 영향력이 크면 클수록 그렇다. 아무리 좋은 의견이더라도 그냥 사장되는 분위기로 흐른다. 트집 잡는 행동은 파워게임을 선언하는 것과 같다. 자신을 과시해서 상대를 꺾어버리겠다는 의도가 숨겨져 있다. 상대의 말이나 행동을 자신의 트집으로 꺾어 자신이 갖고 있는 힘의 크기를 증명하려는 것이다.

특히 조직을 이끌고 싶은데 그렇지 못할 때는 트집을 잡아 상대방을 누르려고 하는 사람이 있다. 우리가 몸담는 가정과 직장, 기업, 국가는 어느 곳이나 파워게임이 존재한다. 그 구성원인 개인도 게임에서 자유로울 수 없다. 특히 직장 내에서 파워게임이 큰 영향력을 미친다. 파워가 있어야 자신의 의견을 관철할 수 있다. 그래야 자신의 자리를 지킬 수 있으며 조직에서 살아남을 수 있다. 만약 그 파워를 존중하지 않거나 인정하지 않으면 순식간에 조직 안에서 밀려나게 된다. 트집을 잡는 사람은 그 트집을 통해서 파워게임을 치열하게 치르고 있다.

그로 인해 사회생활에서 가장 중요한 인간관계가 틀어질 수도 있다. 자신도 트집 잡기 희생자가 될 수도 있다는 점을 간과하는 것이다.

TIP 직장에서 사소한 것 트집 잡는 상사 대처법

직장에서 부하 직원을 하나부터 열까지 모두 통제하려고 하는 상사가 있다. 업무와 관련된 것으로 뭐라고 하는 거라면 억울하지라도 않다. 사용하는 펜, 넥타이 색깔, 화장실 가는 것까지 간섭한다. 이런 상사와는 어떻게 일해야 할까?

대처법은 이렇다. 평소에 그와 대화할 때 당신이 얼마나 융통성 있고 능력이 있는 사람인지 보여줘라. 이런 유형은 부하 직원들이 자기가 바라는 대로 일하기를 원한다. 상사가 어떤 스타일로 일을 하는지를 파악할 필요가 있다. 프로젝트 방향에 대한 구체적인 질문을 하거나 일하면서 수시로 피드백을 받으면서 상사가 원하는 방향대로 가고 있는지 확인하자. 그래도 어떻게 해서든지 트집 잡는 사람은 꼭 있다. 그렇다면 어느 정도 체념할 필요가 있다. 상사가 잡는 사소한 트집이 결코 당신의 능력이 부족하다는 것을 의미하는 게 아님을 알아야 한다. 만약 상사가 보고서의 사소한 부분만을 놓고 트집을 잡는다면? 그만큼 당신의 보고서가 내용 면에서 완벽하다는 것을 의미한다.

[소소한 말투 포인트]
누군가 자신의 의견에 트집을 잡으면 감정이 상하면서 화가 나기 마련이다. 그런 감정들에 휘말리지 않도록 주의하자! 'Yes, But & How' 기법을 활용해 보자.

4. 정중하면서도 단도직입적으로

우리는 살아가면서 무의식중에 들어준 부탁, 매몰찬 거절로 자신과 상대방 마음을 상하게 한다. 나의 의사를 분명하게 표현하는 것은 사회생활을 해나가는 데 있어 매우 중요한 일이다. 이런 것은 기술만으로 되는 것이 아니다. 상대의 상황과 처지를 진심으로 공감하고 자기 입장을 분명하게 할 수 있는 마음이 필요하다. 그러기 위해서는 더 이상 갈등을 두려워하지 말아야 한다.

비행기 안에서의 대화
중년 남자: "미안합니다만, 여기는 내 자리오."
A: "제 자리가 맞습니다(탑승권 좌석번호를 가리키며). 아무래도 우리 둘 다 같은 좌석에 배정받은 것 같군요." "여기 가운데 좌석이 남아 있네요."
중년 남자: "난 통로 쪽에 앉고 싶으니, 당신이 움직이시오."
A: "안 됩니다. 저 역시 통로 자리를 원해요. 선착순을 지키세요."

얼마 전 출장길에서 A가 거만하기 짝이 없는 낯선 사람과 자리 때문에 실랑이를 벌인 내용이다. 일찌감치 비행기에 올라 배정받은 통로 쪽 좌석에 앉아 있는데 한 중년 남자가 나타나 자신의 자리라고 말하는 것이었다.

A는 탑승권에 적힌 좌석을 가리키며 자신의 자리가 맞는다고 정중하게 대답했다. 그러자 중년 남자는 같은 좌석번호가 찍힌 자기 항공권을 보여주었다. A는 같은 좌석에 배정받은 것을 확인하였고, 이쪽에도 남은 좌석이 있다고 상냥하게 말했다.

그러자 그가 자신이 원하는 자리라고 허리에 손을 올리며 크게 호통쳤다. A는 그의 눈을 똑바로 바라보며 안 된다고 선착순을 지키라고 대답했다. (이 말은 내가 움직이지 않겠다는 뜻이다!) 자신의 마음대로 할 수 없음을 깨닫고 그는 얼굴을 붉히며 다른 좌석으로 난폭하게 자리를 떴다. 여성 중에는 서둘러 대답해야 할 때 무슨 말을 해야 할지 모르겠다는 이들이 적지 않다. '그 순간 당장 할 말이 떠오르지 않을까?' 염려하며 자기 능력을 의심하지 않아도 된다. 그냥 싫다고 하거나, "움직이고 싶지 않습니다. 제가 먼저 왔어요."라고만 말해도 효과는 충분히 나타나기 때문이다.

물론 A가 그 승객의 요구대로 좌석을 바꾸어 주어 불쾌한 갈등을 미리 피할 수도 있었다. 만일 통로 쪽 좌석에 앉고 싶지 않았다면 그렇게 했을 수도 있다. 그렇지만 단지 상냥한 사람으로 보이려고, 혹은 갈등을 피하기 위해서 양보했다면 후회할 것이다. 단호하지 못한 나 자신에 대해서 나중에는 화가 치밀 것이다. 그 순간, 나를 이용하거나 괴롭히는 사람들이 날 어떻게 생각하는지는 두 번째 문제이다. 앞으로 오랫동안 내가 나 자신에 대해서 어떤 감정을 갖게 될지가 더 중요하다는 것을 명심하자.

우리 이모님은 이웃집 사람들의 부탁을 거절하고 싶어 하신다. 그렇지만 이웃 사람들이 거절을 받아들이려고 하지 않는다며 불평하신다. 이모님의 말씀은 이웃 사람들보다 이모님이 어떤 사람인지에 관해 더 많은 것을 알려준다. 보통 상대방의 거절을 인정하지 않는 사람들은 확신 없이 거절하는 사람을 잘 알아보기 때문이다. 단도직입적으로 "안 됩니다."라고 대답하는 것이 단순하지만 효과가 있다. 정중하면서 단호하게 의사결정을 내릴 줄 아는 것은 용기가 필요하지만 솔직한 선택이다.

거절할 때는 문장의 끝 억양을 아래로 내리면서 분명하게 말해야 한다는 것을 명심하자. 대답이 미온적이고, 불확실하면 자신이 없고 주저하는 것처럼 보인다. 그렇기 때문에 우리 이모님처럼 조종당하기 쉽다. 남을 이용하는 사람들은 이런 사람들을 만나면 더 강한 압력을 가해서 결국 두 손을 들게 만든다. 어떤 사안에 대해 누군가 안 좋은 감정을 가질 수 있어 거절하면 안 된다고 생각하지 말자. 그들에게는 남을 희생시켜 가면서 자기 기쁨을 추구할 권리가 없다. 그 사람들이 행복하지 않은 것이 우리의 탓이 아니다. 그들에게 만족스러운 환경을 만들어 주기 위해서 불편을 감수해야 할 이유는 없다. 변화를 바란다면, 주저 말고 자기가 원하는 것을 우선순위에 두자.

우리의 도움이 진정 필요한 사람들의 요청까지 거부하라는 얘기는 아니다. 이기적이거나 제멋대로 남을 조종하려고 하는 사람의 요구를 거절하라고 말하는 것이다. 설령 '조종하려는 사람'이 권위적인 사람이거나 유명인이라고 해도 마찬가지다. 소위 유명 인사 또는 중요 인물이라고 해도 강요를 한다면 거절해야 한다.

한번은 국제적으로 명성이 높은 퓰리처 수상 작가 겸 저널리스트가

○○대학에 방문하였다. '예술과 문학의 날' 축하 행사 때 기조연설을 하기 위해 참석한 적이 있다. 그가 연설을 끝낸 후에는 교수회 회원인 A가 공항까지 그를 차로 배웅하기로 되어 있었다. 공항으로 가는 차 안에서 그는 오만함의 극치를 보여주었다. 친근하게 말을 건네는 A에게 불쾌감을 표시했다. 차에서 내리기 전에는 지저분한 종이컵을 차 바닥에 버려도 되겠느냐고까지 물었다. 그의 질문에 당황한 A는 "그러세요."라고 대답했다. 사실 A가 하고 싶었던 말은 "안 됩니다. 쓰레기를 버릴 만한 곳을 찾아보시지요."였다. A는 자신의 속마음을 표현할 용기가 없었다.

대학에서 초빙한 귀한 손님을 기분 나쁘게 하고 싶지 않았던 것이다. 하지만 지금까지도 A는 그때 솔직하게 대응하지 않은 것을 후회하고 있다. 그 유명 작가가 상냥하고 기분 좋은 사람이었다면 꼭 기분 나쁜 일은 아니었을 것이다. 무례하고, 상대방을 깔아뭉개는 그런 사람에게 아무런 대응도 하지 못했다. 그 사실은 A의 마음을 무겁게 했다.

심리학자들은 대답할 때 일단 '아니요'부터 시작하라고 권한다. 그렇게 하지 않으면 '어쩌면'이나 '알겠어요'라고 대답할 가능성이 높기 때문이다.

'아니요'라고 거절을 할 수 있는 표현은 무척 많다.

아니요. 고맙긴 하지만 관심 없어요.

아니요. 그러고 싶진 않아요.

아니요. 형편이 안 돼요.

아니요. 안 되겠네요.

아니요. 그런 이야기는 하고 싶지는 않은데요.

아니요. 초대는 감사하지만, 시간이 안 되겠어요.

아니요. 저는 그렇게 생각하지 않아요. 다른 것을 추천해 주세요.

아니요. 저는 그냥 가겠습니다.

이때 머리를 가로저으며 상대방의 눈을 똑바로 바라보면 된다. 어떤 여성들은 유머나 위트를 사용하여 유쾌하게 빠져나가는 편이 더 기분 좋다고 생각한다. 아니면 거절의 의미를 담아 눈썹을 치켜뜨며 상대를 오랫동안 쳐다보는 것도 효과가 있다고 한다. 이런 식의 대응도 유머러스하고 효과적으로 자기 생각을 전달하는 방법이다. 분위기를 밝게 유지하고, 악의가 없다는 것을 보여줄 때는 더 좋을 수 있다.

가령 그 유명 작가가 차 안에 지저분한 컵을 버려도 되겠느냐고 물었을 때의 대답이다. 유쾌하게 "이 근처에는 휴지통 기근 현상이 있나 보죠?" "분명히 안에 쓰레기통이 있을 거예요." "제 차가 전시장에 있는 것만큼 새것이 아니지만 그렇다고 쓰레기봉투처럼은 안 생겼잖아요?" 아니면 "내 차가 페라리냐고는 절대 묻지 않으시겠군요."라고 말할 수도 있다.

사람들과 정중하면서도 단도직입적으로 맞설 준비를 하자. 대부분의 여성들은 사람들과 잘 지내기 위해서 사랑받기 위해서 대결을 피하려 든다. 대결에 맞서면 몇 가지 이점이 있는데 첫째, 문제를 무시하지 않고 해결하게 된다. 둘째, 오히려 사이가 더 가까워진다. 셋째, 다른 사람들이 자기 뜻대로 행동하려고 하는 수많은 불가피한 상황 속에서 유리한 고지에 선다. 넷째, 한계선을 분명히 그으면, 상대는 자신의 자존심을 세우기 위해 당신을 깎아내릴 수 없다는 사실을 금방 깨닫는다.

의사 표현 결과가 별로 좋지 않더라도, 만약 그렇게 하지 않았을 경우를 생각해 보자. 자신에 대한 무력감과 불행을 느끼게 될 것이다. 따라서 자신의 견해를 분명히 밝히는 것은 나의 존엄성을 지키는 일이다. 사람들의 부적절한 행동을 중단시키는 일이기도 하다.

[소소한 말투 포인트]

무례한 사람에게는 일단 '아니요'부터 시작하자. 더 이상 갈등을 두려워하지 말고 정중하고 단도직입적으로 상대방에게 의사를 분명하게 표현하자!

5. "텅후(Tongue Fu: 말로 하는 쿵후)의 힘"

"남을 배려하기 위해서 의식적으로 자주 노력하다 보면 개인과 전체 사회는 엄청난 변화를 겪을 것이다."

-헨리 C. 링크(심리학자)

사는 지역과 일하는 장소는 아무리 변하더라도 항상 다른 사람들에게 상처만 주는 사람이 있다. 주위에서 까다로운 사람들을 자주 만나게 된다. 이런 사람들을 대응하는 방법을 익히는 것은 중요하다. 피하는 것이 불가능하기 때문이다. 까다로운 사람들의 생각을 이해하고 상대하는 방식이 현명하다고 할 수 있다. 바로 그것이 텅후(Tongue Fu: 말로 하는 쿵후)의 힘이다. 텅후란 상대방의 입장과 상황을 충분히 이해한 후 말을 하는 것으로 그 사람의 입장과 상황을 철저히 배려해서 말하는 것이다. 그렇게 하면 그 사람이 왜 그런 까다로운 말을 하는지 충분히 이해한 후 말하기 때문에 그 사람의 까다로움을 없앨 뿐 아니라, 궁극적으로 호의를 끌어낼 수 있다.

자, 이번에는 대형 호텔 프런트 직원이 텅후 워크숍 모임에서 이야기한 사례를 보자.

신혼부부: "숙박하려고 합니다. 방이 있나요?"

프런트직원: "지금은 준비 중인지라 오후 3시 이후 가능할 것 같습니다."

신혼부부: "그게 무슨 소립니까? 방을 못 준다고요? 우리는 신혼여행을 온 거라 고요! 36시간 동안이나 잠을 자지 못했어요. 서 있지 못할 정도로 힘든 상황이 라니까요!"

프런트직원: "아 네, 지금은 대규모 회의가 있어서 빈방이 없는 상태입니다."

"오찬 행사가 끝나야지 회의 손님들이 나가게 될 것 같습니다."

신혼부부: "아니, 그게 대체 무슨 소립니까?"

프런트직원: "식사 쿠폰 드릴게요. 드시고 해변에서 눈 좀 붙이고 계시겠어요?"

신혼부부: "그렇게 할게요. 감사합니다."

"프런트는 고객들과 처음 접하는 곳이기 때문에 힘든 상황들이 많습니다. 무엇인가 잘못된 일이 있으면 그 불평불만을 고스란히 우리한테 쏟아 놓거든요. 비행기가 연착됐다고, 짐 가방을 분실했다고, 렌터카에서 대기 줄이 길었다고 투덜거리지요. 심지어 날씨가 안 좋아서 화를 내기도 합니다."

"지난번 워크숍이 끝난 뒤 남녀 한 쌍이 아침에 일찍 호텔로 들어와서 방을 달라고 하더군요. 저는 오후 3시 이후에야 체크인이 가능할 것 같다고 설명했습니다. 방을 청소하고 준비해야 한다고 말입니다. 그러자 남자가 소리를 지르더군요. 저는 '대규모 회의가 있어서 빈방이 없는 상태입니다. 오찬 행사가 끝나야지 회의 손님들이 나가게 될 것 같습니다.'라고 다시 말했습니다. 새신랑이라는 사람이 더 화를 내더군요. 고래고래 소리 지르다 보면 빈방을 줄 거로 생각하는 모양이었어요. 그가 고집을 부리면 부릴수록 저는 신경이 날카로워졌습니다." 프런트직원은 말을 이어갔다.

"흥분해서 벌컥 화를 내려고 하는 순간 우리 워크숍에서 배운 게 떠올랐습니다. 결국에 저는 제 입장만 생각하고 있던 셈이었지요. '너무 피곤해서 제정신이 아닌 상황에서 여섯 시간을 기다려야지 방에 들어갈 수 있습니다. 내 신혼여행이 악몽으로 바뀌는 상황 속에서 어떤 생각이 들까?'라며 스스로에게 물었지요. 그렇게 상대방의 입장을 헤아려 보니 곧 그 신혼부부가 안됐다는 생각이 들었습니다. 그 직전까지 미움과 짜증뿐이더니 금방 용서하게 되고 공감하게 된 것이지요. 저는 무료 아침 식사 쿠폰을 주면서 해변에서 눈을 붙일 수 있게 해주었습니다. 두 사람은 오후에 저를 찾아와 감사 인사를 했지요."

그렇다. 호텔 직원은 공감의 힘을 체험했던 것이다. 까다로운 상대방에게 자기 입장을 강요하는 대신에 상대방의 입장이 되어 보았다. 그리하여 모욕감 대신 공감을 하며 행동한 것이다.

"약자는 용서를 하지 못한다. 용서는 강자만 할 수 있다."

－마하트마 간디(정치인)

용서하고 잊어버리게 하는 질문이 있다. '이 사람은 대체 왜 이렇게 까다롭게 구는 걸까?'이다.

친구와 동네의 한 아이스크림 가게에 갔을 때였다. 가게 안은 손님들로 가득했다.

A 손님: "초콜릿 아이스크림 세 통 주세요~."

직원: "세 통이라고요? 통에서 아이스크림을 퍼내는 게 얼마나 힘든지

아시는 건가요?”

A 손님: “정말 힘든 날이지요?”

직원: “맞아요! 혼자서 종일 일했거든요. 아침 10시부터 쉬지도 못했네요. 원래 한 시간 전에 교대했어야 했는데 주인이 아직도 안 나타나는군요.”

직원이라고는 고등학생처럼 보이는 여자 아르바이트생 한 명뿐이었다. 나름대로 서둘러서 일하는 모양이었지만 손님들은 줄어들 기미가 없었다. 무려 30분을 기다리고서야 우리 차례가 되었다. 초콜릿 아이스크림을 세 통 주문했다. 지쳐버린 아르바이트생은 내 앞에서 폭발하고 말았다. 아이스크림 퍼내기가 얼마나 힘든지 아느냐는 식이었다.

텅후 전도사가 아니었으면 그 황당한 대답에 폭발했으리라. “무슨 소리를 하는 거예요? 여기는 아이스크림 가게가 아니었나요?” 이런 식으로 반응을 보였다가는 서로 기분이 더욱 나빠질 것이 뻔했다. 나는 입을 다물고 나에게 물어보았다. ‘저 소녀가 저런 식으로 말하는 이유는 뭘까?’ 그 순간 소녀의 심정이 이해되기 시작했다. 안됐다는 표정으로 물었다. “오늘 정말 힘든 날이지요?” 그러한 한마디에 소녀의 적대감이 사라졌다.

소녀는 긴 한숨을 내뱉으면서 혼자서 하루 종일 일했다고 했다. 교대할 시간이 한 시간이 넘었는데 주인이 안 오고 있다고 대답했다. 소녀는 우리의 아이스크림을 포장하는 내내 하소연했다. 우리가 떠날 때는 활짝 웃으며 손을 흔들어 주었다.

아들이 처음 안경을 쓰게 되었을 때도 텅후 효과를 체험할 수 있었다.

아들: "전 멍청이처럼 보일 거예요!"라고 중얼거렸다.

엄마: "안경을 쓴 모습이 마음에 안 드니?"

아들: "학교 애들이 전부 절 놀릴 거란 말이에요."

엄마: "그러니까 학교 친구들이 네 안경을 가지고 놀릴까 봐 걱정이 되는구나?"

아들: "그래요. 꼭 안경을 써야만 하는 이유가 뭐죠?"

엄마: "안경을 쓰지 않았으면 하는 거니?"

아들: "그래요."

아들은 눈물을 글썽이며 안과 문을 나서면서 멍청이처럼 보일 거라고 했다. 그때 엄마는 하마터면 "그렇지 않아. 넌 멋있어 보일 거야."라고 이야기할 뻔했다. 그 말은 아들을 위로보다는 반항심을 불러일으킬 것이다. 그래서 아들을 안심시키는 대신 그 애가 한 말을 반복했다. 그 모습이 마음에 안 드냐며 묻자, 아들은 울기 시작했다. 학교 친구들이 모두 놀릴 거라고 했다.

팅후 기법을 알기 전에는 당장 아들을 위로하려고 했을 것이다. "바보 같은 소리 마. 학교 친구들은 잘 모를걸." 이런 객관적인 태도는 소외감을 더해줄 뿐인데 말이다. 그러면 아들은 입을 다물고 말았을 것이다. 나는 친구들이 놀릴까 봐 걱정이 되냐고 다시 되물었다. 그러자 안경을 왜 써야 하는지 물었다. 그래야지 시력이 제대로 나올 거라는 대답이 제일 먼저 생각났다. 감정은 본래 비이성적이고, 논리에 따라서 움직이지 않는다. 왜 안경을 써야 하는지에 대한 설명은 짜증만 불러일으킬 것이다.

논리적 이유를 대지 않고 아들이 바라는 부분을 짚었다. "안경을 쓰고 싶지 않은 거니?" "그래요." 아들은 한숨을 내쉬면서 자기 마음을 진정시켰다. 집에 도착하자 아들이 날 꼭 껴안으며 고맙다고 말했다. 뭐가 고마운지 묻자 아들은 "다 아시면서요."라고 하면서 어깨를 으쓱했다. 아마도 "가르치려고 하지 않고 제 말을 들어줘서 고마워요."라고 말하고 싶었던 것은 아닐까?

텅후는 강한 공격 비법이 아니지만 평화적인 대응책이다. 언어적 공격에 어떻게 맞서야 하는지를 보여준다. 포인트는 적을 만들지 않는 대화법과 공격을 하지 않고 우아하게 이기는 기술이다. 원하는 것을 놓치지 않고 늘 사람이 따르게 하는 대화 기술인 것이다. '텅후(Tongue Fu: 말로 하는 쿵후)'가 그것이다. 이를 통해서 도무지 말이 안 통하는 상대, 분노한 사람들, 불평꾼을 다룰 수 있다. 그들로부터 협력을 끌어내어 마침내 당신이 원하는 걸 얻어내는 기법을 배울 수 있을 것이다.

[소소한 말투 포인트]
벌컥 화부터 내지 말자. 텅후(Tongue Fu: 말로 하는 쿵후)를 이용하여 까다로운 사람들을 공격하지 않고 우아하게 이기자.

6. 화가 난 상대와 대화할 때의 팁

'화를 벌컥 내는 건 불타는 석탄 한 덩이를 손에 꽉 쥐는 것과도 같다. 상대에게 던지기 전에 불에 데는 사람은 자신이다.' 《화Anger》의 저자 틱 낫한Thich Nhat Hanh 스님이 인용한 붓다Buddha의 말이다. 화는 결국 자신을 다치게 한다.

> "화는 왜 일어날까? 인간관계를 어렵게 만드는 요소 중에는 화라는 감정이 있다. 사람들은 행동에 대한 결말을 기대하면서 살아간다. 그렇지만 기대하던 결말이 실제와 차이가 날 때 우리는 불안을 느낀다. 그런 불안으로 인해 생기는 경고 반응과 방어 반응이 화로 표출되는 것이다. 화라는 감정과 맞서기 위해서는 강한 노여움으로 발전되기 전 적당히 화를 내서 해소해야 한다. 화가 난 상대는 사정만 잘 들어줘도 화가 많이 누그러진다. 노여움이 강할수록 떨치기 어렵기 때문에 지체하지 말고 화를 풀어줘야 한다."
>
> – 《써먹는 심리학(인간관계)》 책 내용 중

대인관계에 문제가 생겼을 때에는 좋은 대화가 상대방의 닫힌 마음을 열어주게 된다. 다만 먼저 상대방의 감정을 잘 처리하는 방법을 알아 둘 필요가 있다. 대부분 방법이 잘못되어서라기보다는 감정을 제대로 처리하지 못해 문제가 발생되기 때문이다.

예를 들어 우리는 사람들이 "걱정하지 말아요. 난 그냥 당신과 같이 밥을 먹고 싶은 거예요. 업무 얘기는 하지 않을게요."라며 말하는 경우를 볼 수 있다. 결과는 어떠한가? 둘이 식사를 하고 나면 기분이 좋아진다. 그 사람 업무 문제를 적극적으로 나서서 먼저 도와주고자 하는 마음이 생긴다. 이것이 감정의 힘이다. 화가 난 사람을 보면 먼저 문제의 핵심이 '상대의 분노'라는 것을 인지해야 한다. 그 사람의 분노가 가라앉으면 다른 문제는 따로 해결할 필요 없이 자연히 없어지기도 한다.

다음은 어느 남편과 아내의 일상 속 대화 내용이다.

> 남편: "커피 마실 거냐고 계속 물어봤는데 왜 대답을 안 해?"
>
> 아내: "그랬어? 뭐 좀 찾느라 잘 못 들었나 봐."
>
> 남편: "세 번이나 물었는데도 대답이 없었거든. (큰 소리로 짜증스럽게 화를 내면서) 그런데도 못 들은 게 말이 돼? 나를 무시한 거 아니야?"
>
> 아내: "아니, 못 들을 수가 있지. 그게 그렇게 큰소리 낼 일이야? 앞으로 내가 물었을 때 대답 바로 안 하면 나도 나를 무시한다고 생각할 거야. 알아서 해!"

정말 사소한 일로 대화하다가 보면 부부 사이에 말다툼하게 되는 것을 볼 수 있다. 상대방이 화를 내면 억울한 마음이 들고 감정이 상하게 된다. 위의 상황처럼 똑같이 화를 내고 상대의 심기를 건드리는 말을 하기 쉽다. 상대가 화를 낸다고 똑같이 화내거나 감정 상하게 하는 말은 하면 안 된다. 결국은 말다툼으로 이어지거나 감정만 서로 상하게 될 것이다.

'눈에는 눈, 이에는 이'라는 생각으로 똑같이 화를 내지 말고 아래와 같이 대화해 보면 어떨까?

> 남편: "커피 마실 거냐고 계속 물어봤는데 왜 대답을 안 해?"
> 아내: "그랬어? 뭐 좀 찾느라 잘 못 들었나 봐."
> 남편: "세 번이나 물었는데도 대답이 없었거든. (큰 소리로 짜증스럽게 화를 내면서) 그런데도 못 들은 게 말이 돼? 나를 무시한 거 아니야?"
> 아내: "아니, 못 들을 수가 있지. 그게 그렇게 큰소리 낼 일이야? 무시한 거 아니니까 더 이상 화내지 말고 나한테 짜증 낸 거 사과해. 그럼 나도 사과할게."

다음은 회사에서 직원들끼리 대화 내용이다. 김 대리는 오늘까지 마케팅 기획안을 제출해야 했다.

> 이 과장: "김 대리 오늘까지 제출해야 되는 기획안인데 작성 못 하면 어떻게 해? 전에도 마감 기한 넘겨서 얼마나 곤란했는지…."
> 김 대리: "(이 과장 말이 끝나기도 전에) 과장님 잠시만요. 화가 나신 이유는 알겠는데요. 그럴 만한 사정이 있었습니다. 영업팀에서 매출 건 관련해서 급히 처리해 달라고 해서 거절할 수가 없었습니다. 제가 만약 거절했다가 매출에 문제라도 생기면 과장님이 책임져 주실 건가요?"

어쩔 수가 없는 상황이었는데, 상대방은 그것을 모르고 화를 내는 상황이 있다. 자신의 생각을 전달해 상대방의 화를 풀어줘야겠다는 생각에 상대의 말을 가로막는 경우가 있다. 그러한 행동은 좋은 행동이라고 볼 수 없다. 화난 사람이 자기의 말을 끊고 이야기하려는 상황에 더욱 화낼 수도 있다.

계속 화가 나 있는 상태에서는 상대의 이야기를 제대로 받아들이기 어렵기 때문이다. 상대가 화를 내고 이야기하더라도 상대의 말을 먼저 끝까지 들어야 한다. 그 후 자신의 의견과 생각을 이야기하도록 한다. 화가 많이 난 경우라면 무리해서 대화를 이어 나가지 말아야 한다. 대화를 끝내고 나서 상대의 화가 가라앉을 때까지 기다리는 것이 좋다. 상대가 감정이 격해졌을 때는 이성적으로 생각하기 힘들다. 들어주는 사람이 해야 할 일은 상대방 감정을 이성적으로 생각하고 바라보는 것이다. 누군가 당신에게 화내거나 소리를 지르면 뭐라고 대꾸하는가? 혹시 "그렇게밖에 말을 못해?"라든가 "네가 한 말은 절대 용서할 수 없어."라고 않는가? 그런 말은 아무런 효과가 없다.

격해질 대로 감정이 이미 격해진 상대방이 성난 호랑이처럼 달려들면 당신은 피하지 마라. 그냥 그 자리에서 냉정하게 "이리로 오지 마."라며 경고하기만 하면 된다. 상대가 감정이 지나치게 격해져 더 이상 이성적으로 소통할 수가 없는 상황이다. 그 지경에 이르렀다고 하더라도 시간이 지나면 결국엔 이성을 찾게 된다. 당신은 한 가지만 기억하면 된다. 어떤 일이든지 해결할 방법은 있다. 소리를 지르면서 흥분할 필요는 없다. 일단 상대방이 화났다는 사실을 알았으면 우선 완충 작업을 한다. 상대방과 직접 부딪히기보단 다른 일을 통해서 문제가 될 일을 비켜서 가는 것이다.

예를 들면 "자, 날도 더운데 화내지 말고 물 한잔 마셔."라고 하면서 대화 전에 준비 작업을 하는 것이다. 찬물을 따라주면 잔뜩 화나 있던 상대방의 기세나 신체의 언어들이 조금 누그러들 것이다. 당신의 세심한 배려로 분노가 다소 사그라질 것이다. 그러고는 상대방을 의자에 앉히고 휴지를 한 장 건네준다. 이런 작은 행동은 상대방의 화를 진정시키는 데 많은 도움이 된다. 대화의 준비단계를 마치고 나면 본론으로 들어간다. 여기에서 주의할 점이 있다. 문제의 핵심은 상대방이 불평하며 털어놓는 문제들이 아닌 '상대방의 화난 상태'라는 것이다. 대화의 첫 마디는 "너를 이렇게 화나게 한 일이라면 분명 보통 일이 아닐 거야."라고 시작하는 게 좋다.

안심하라. 이렇게 말한다고 해서 그가 당신이 따라주었던 물을 당신에게 들이붓는 일은 없을 테니. 이 말은 화가 나 있는 사람 대부분에게 효과가 있다. 사실 화를 내는 대부분의 이유가 소소하고 정말 평범하다. 미치고 펄쩍 뛰겠다는 사람들이 말하는 각양각색의 이유를 다 들어보았다. 때로는 그 이유가 지나치게 사소하고 별 볼 일 없어 놀란 적도 많았다. 길어 보이나 짧은 우리의 인생에서 죽어도 용서하지 못할 일은 많지 않다. 99%의 상황이 당사자가 분노 절제를 하지 못해서 화가 점점 더 커지기 때문에 일어난다.

"너를 이렇게 화나게 한 일이라면 분명 보통 일이 아닐 거야."라는 말은 즉, 상대가 정말로 좋은 사람이라는 뜻이다. 그렇기 때문에 그 사람의 무의식 속에서도 '좋은 역할'을 감당하는 작업이 시작된다. 그럼 당신이 굳이 말을 먼저 꺼내지 않아도 상대방이 자기의 화난 감정을 쏟아내기 시작한다. 이때 무조건 상대방의 감정을 인내하며 받아 주는 게 좋다고 생각하는 것은 초보적이다. 상대방이 마음대로 감정을 쏟는다면 자신 스스로 위축될 것이다. 지금까지 대화를 준비했던 작업은 수포로 돌아갈 수가 있다.

다시 말해서 당신이 공들여 해 놓은 사전작업이 다 무너질 수 있다. 간신히 '좋은 역할'을 하도록 상대방을 유도해 놓았는데 멀어질 수 있다.

분노에 가득 찬 사람에게 당신이 머리를 숙이고 잘못을 인정하면 안 된다. 말할수록 오히려 더 화나도록 종용하는 꼴이 된다. 화가 날수록 목소리는 높아지고 목소리가 높아지면 다시 분노가 차오른다. 악순환이 계속되어 상황을 통제하기 어렵다. 이런 초보적 발상의 오류는 상대방이 화가 나 이성적으로 사고를 할 수 없다는 것을 간과한 것이다. 당신이 해야 할 일은 상대방이 이성적으로 잘 사고할 수 있게 유도해주는 것이다. 그의 감정을 더 격화시키는 것이 아니라, 당신이 그를 도와줘야 된다!

[모두를 내 편으로 만드는 말투 팁!]
"자, 날도 더운데 화내지 말고 물 한잔 마셔."

[소소한 말투 포인트]
우선 상대방이 화났다는 사실을 알게 되면 일종의 완충 작업을 먼저 하자. 상대방과 직접 부딪히는 것보다는 다른 일을 통해서 문제 될 만한 일을 비켜 가자.

7. 말을 잘하기 위한 8가지 방법과 협상 테크닉 7가지

피터 드러커는 "인간에게 있어 가장 중요한 능력은 자기표현이다. 현대의 경영이나 관리는 커뮤니케이션에 의해서 좌우된다."라고 화술의 중요성에 대해 언급했다. GE의 잭 웰치 전 회장은 후계자 결정을 할 때 대중연설과 프레젠테이션 능력을 중요시했다. 주주들을 설득하고 직원들에게 동기 부여할 수 있는 설득력이 제일 중요하다고 본 것이다. 흔히들 교육수준이 높을수록 자기의 의사 표현을 보다 구체적으로 개성 있게 표현한다고 말한다. 자신이 가지고 있는 상황에 대해서 의사표시를 얼마만큼 하느냐에 따라서도 달라진다. 창의적이며 논리적으로 표현하는지와 사람에 따라 전달되는 느낌이 전혀 다르다.

많은 사람 앞에서 하는 말도 일상적 대화를 확대하는 것에 불과한 것이다. 현대사회는 대화와 설득의 시대이고 발표력의 중요성을 강조하고 있다. 요즈음 현대를 살아가는 사회인은 개인 대 개인 대화도 중요하다. 그렇지만 대중을 상대로 하는 발표 등은 각 개인의 발전에 있어서 크게 작용하고 있다. 국난 위기에 처할 때 뛰어난 협상으로 고려를 구한 역사적 협상이 있다. 서희의 거란과의 담판이다. 거란이 정안국을 멸망시킨 후 송나라를 공격하기에 앞서서 고려를 침범하였다. 이때 고려 조정에서는 거란과 맞설 힘이 없으니 땅의 일부를 떼어서 주자는 주장이 등장하고 있었다.

거란의 방어를 담당하고 있었던 중군사 서희는 왕한테 거란 적장과 담판을 짓고 오겠다고 말했다.

거란 적장 소손녕: "너희 나라는 신라 땅에서 일어난 좁은 나라이다. 우리는 고구려 땅을 지키고 있는 사람들이다. 너희가 고구려의 땅을 넘어와 군진을 펼쳤으니 고구려의 땅을 침범한 것이 아니겠느냐. 고려는 거란과 맞닿아 있음에도 바다 건너 송을 섬기고 있지를 않느냐? 우리는 너희를 벌하고자 하는 것이다. 만일 고려가 우리에게 땅을 바치거나 국교를 맺기를 원하면, 전쟁을 취소할 수 있다."

서희: "천만의 말씀이오. 우리나라 백성들은 고구려의 옛 땅을 터전으로 지금까지 살아온 백성들입니다. 우리는 고구려 기상을 닮고자 국명을 고려라고 명했습니다. 그런 후 고구려의 수도였던 평양을 도읍으로 정하였습니다. 귀 장께서 땅 경계를 논하시는데, 귀국의 동경도 전에는 우리 영역에 있던 땅입니다. 어찌 우리가 침범하였다고 하시는 것입니까? 고려가 거란이 아닌 송을 섬기는지 물으셨습니다. 고려가 거란을 섬기지 못하는 이유는 여진이 가로막고 있기 때문입니다. 그러니 우리 입장을 헤아려 주셔야 합니다."

합리적 주장을 펼친 서희의 협상 외교력 덕에, 고려는 전장을 피할 수 있게 된다. 협상에서 자신의 주장을 논리 정연하게 밝히고 상대를 설득시키는 것은 중요하다. 제대로 협상을 성사시키려면 설득을 잘해야 한다. 상대편의 주장을 열린 마음으로 받아들이며 이해하는 것이 무엇보다 필요하다.

이때는 상대를 위한 양보도 협상의 조건이다. 양보는 무조건 내 것을 마다하는 것이 아니다. 상대의 이익과 자신의 이익을 전제로 한 쌍방의 양보가 협상의 필수 불가결한 요소이다. 협상에서 양보는 서로 잘 말하며 서로 잘 듣는 것이다. 이는 원활한 협상을 진행시키는 기초적 조건이 된다. 말 잘하는 사람이 협상도 잘하는 법이다. 전하려는 내용이 분명하지가 않으면 듣는 사람은 상대방이 말하는 바가 무엇인지 이해하지 못한다. 상대방에 대해서 좋은 이미지를 가지기 어렵다. 인생을 살아가는 동안 우리들은 수많은 협상의 순간들을 만나게 된다. 이때 자신 있게 자기주장을 펼쳐라. 말하는 순간 협상의 절반은 시작된다.

협상에서 화술 테크닉

나와는 다른 입장을 가지며, 다른 이익을 추구하는 사람에게는 어떻게 말을 해야 할까?

과연 어떻게 말을 해야 신뢰를 얻으며, 협상을 성사시킬 수 있을까?

1. 정성을 들여서 말해야 한다.

2. 상대방의 말을 끝까지 진지한 자세로 경청한다.

3. 여유 있는 화법으로 구사한다.

4. 자신감이 있게 말을 한다.

5. 핵심 부분만 요약해서 말한다.

6. 논쟁을 피한다.

7. 반론 제시도 기술이다.

말 잘하는 사람들의 특징

말 잘하는 사람들은 다음과 같이 몇 가지 공통점이 있다.

첫째, 모든 일을 다른 시각에서 바라본다. 많이 익숙한 것일수록 남들이 생각지 못한 방향으로 해석하는 것이다.

둘째, 누구보다 폭이 넓은 시야를 가졌다. 그들은 일상생활을 벗어나 다양한 영역에 관심을 갖고 관찰하면서 사람들과 토론을 즐긴다.

셋째, 누구보다 열정적으로 대화에 임한다. 자신들의 일뿐만 아니라 남들이 하는 말에도 열정을 기울인다. 그것은 결코 가식이 아닌 진심이기 때문에 사람들에게 감동을 준다. 그들은 대화를 즐기며 자신의 열의를 다른 사람들과 공유하고 싶어 한다.

넷째, 그들은 늘 자기 자신에 대해서만 말을 하려고 하지 않는다. 사람들은 자신들 이야기도 하고 싶어 한다. 그러므로 상대에게도 대화에 참여할 기회를 준다.

"당신이라면 어떻게 행동을 하겠습니까?" "요즘 생활은 나아지셨습니까?"

이런 질문들은 상대의 갈증을 해소해 주는 보약과 같은 말이다.

다섯째, 호기심이 많다. '왜 그렇습니까?' '어떻게 생각하십니까?'라는 질문들을 자주 한다. 당신이 그 질문에 대답하면 그들은 더 많은 이야기를 듣고 싶어 한다.

여섯째, 상대방 입장이 되어 생각하고 이해하려고 애쓴다. 가장 훌륭한 대화 상대란 함께 느낄 수 있는 사람이다. 새 옷을 샀다고 자랑을 할 때 '그랬어'라며 무미건조한 대답보다는 '네게 정말 잘 어울린다.'라며 칭찬해주는 사람과 대화하는 것은 참으로 즐겁다.

일곱째, 독특한 유머 감각이 있다. 자신에 관한 농담에도 거리낌이 없다. 말 잘하는 사람들은 자신에 관한 이야기에 능숙하다. 일상생활에서도 유머는 활력소가 된다. 특히 대화 시에는 유머가 없다면 무미건조해진다.

여덟째, 자기 나름의 스타일을 가지고 말한다. 사람은 누구나 자신만의 어투가 있으며 특별한 경험이 있다. 그것을 말 속에 잘 녹였을 때 발언의 효과가 배가된다. 그들은 격정적으로 소리칠 때와 입을 다물어야 할 때를 안다.

경영자가 자기 조직원 하나 설득하지 못한다면 무슨 일을 할 수 있을까? 화술은 경영자와 리더에게만 필요한 것이 아니다. 이 시대의 모든 사람들에게 필요하다.

다른 이에게 자신의 능력을 인정받을 수 있는 상황은 화술을 통해 일어난다고 해도 과언이 아니다.

[소소한 말투 포인트]

원활한 협상을 진행시키는 데 기본조건인 '양보'는 서로 잘 말하며 서로 잘 듣는 것이다. 제대로 협상을 성사시키려면 설득을 잘해야 한다.

8. 세계적 언어학자 노암 촘스키에게 배우는 논리적인 말의 3가지 기준

"우리 중 많은 사람은 그들의 말에 기본적인 논리는 부족하고 거창한 이치만 드러내서 말을 못 한다는 오해를 받는다."

-하버드대학 언어학 박사 노암 촘스키

말을 잘하는 사람들은 특징이 있다. 논리가 명확하며 자신이 뭐를 말하고 싶은지, 어떤 방식으로 말해야 할지 알고 있다. 상대방의 질문에 대답을 어떻게 해야 하는지를 정확하게 알고 있다. 자신이 원래 정한 주제에서도 벗어나지 않는다. 물론 당신도 이처럼 논리적이고 빈틈없는 말하기 방식을 사용하고 싶을 것이다. 그러면 그에 앞서 논리가 무엇인지를 정확하게 알아야 한다. 논리는 과도하게 이성적으로 정의가 되는 경향이 있다. 사고의 규율성이나 규칙성을 나타내기 위해 사용되는 경우가 많다. 대화에서 논리가 너무 강하게 드러나게 되면 반감을 사기도 한다.

"저 사람이랑 대화하는 게 싫어요. 무슨 거창한 이치가 저렇게나 많은지 당신도 그와 대화를 절대 나눌 수 없을 거예요." 그렇지만 말에 논리는 없고 거창한 이치만 운운하는 것도 곤란하다. 중요한 일을 어떤 식으로 전달해 이해시켜야 할지 모르고 말을 만들면 상대를 설득할 수 없다. 무엇을 왜 말하려는지 논리가 서지 않았기 때문이다. 위슬웨이는 하버드대학 기업경영 박사다. 말하기 능력 핵심을 마스터한 그는 한 기업가로부터 회사 직원들 적극성 교육을 의뢰받았다. 아래는 둘의 대화 내용이다.

위슬웨이: "제가 직원들에게 무엇을 가르쳐주길 원하시나요?"

기업가: "직원들의 적극성을 발전시키는 것들이지요. 예를 들면 직원들이 회사에 감사할 줄도 알고 그들의 이익보다 회사의 이익을 우선하는 것들이죠. 지금의 직원들은 적극성이 낮아요. 관리자들도 일의 양이 많아지니 직원들을 관리하기 힘들다고 합니다."

위슬웨이: "그들이 어느 정도까지 적극적이길 바라시나요?"

기업가: "일이 있으면 나서서 좀 하고, 추가 근무도 나서서 했으면 좋겠어요. 자꾸 월급에 대해서만 불평불만 하지 말고 회사에 감사할 줄도 알았으면 좋겠어요."

위슬웨이: "죄송하지만, 당신을 만족시키는 것은 어려울 것 같네요. 당신은 가게에서 물건을 사면 그에 대해 감사하는 마음을 가지나요?"

기업가: "그게 무슨 말도 안 되는 소리입니까. 제가 왜 감사해야 하죠? 제가 돈을 내고 사는 거잖아요!"

위슬웨이: "같은 이치죠. 당신의 직원들은 노동력을 주었고 돈을 받는 겁니다. 그게 왜 당신에게 감사해야 하죠? 당신의 이익이 왜 그들의 이익보다 앞서야 하죠?"

월급은 회사에서 일방적으로 직원들한테 주는 것이 아닌, 쌍방이 이익과 혜택을 주고받는 것이다. 직원들이 회사에도 감사하게 만들며 적극적으로 일하도록 만든다는 생각 자체가 어떤 논리도 없다. 게다가 그의 말 내용은 뒤죽박죽이며 상식적이지도 않다. 그런 오너를 직원들이 어떻게 믿고 따르겠는가? 이 기업가 문제는 많은 매니지의 문제이기도 하다. 그들은 논리에 부합하지도 않는 요구를 한다. 논리에 전혀 부합하지 않는 이치를 들이민다.

노암 촘스키는 하버드대학에서 언어학 박사 학위를 받았고 '형식 언어'를 재정의했다. 그는 "비논리적인 말 속에 작은 실마리만으로도 그 말을 파괴시킬 수 있는 것을 잘 알지 못한다."라며 대부분 사람들을 향해 일침을 날렸다. 겉보기에는 논리적인 말 같지만 조금만 생각해 보면 말이 되지 않는다는 것이다. 촘스키의 말에는 도움이 되는 메시지가 있다. 단순한 이론가도 논리가 있지만 긍정적 말의 이미지를 형성하는 데는 아무 장점도 없다고 했다. 그러면서 논리가 있는지 판단하는 '논리의 세 가지 기준'을 제시했다.

1. 당신이 하는 말은 공정하며 합리적인가.
2. 당신이 하는 말은 간결하며 이해하기 쉬운가. 자신의 생각은 간단명료하며 이해하기가 쉽도록 상대에게 전달 가능한가.
3. 당신이 하는 말이 전체적 내용(자신이 전달하려는 주제)과 일치하는가.

부하 직원들에게 "잔업을 통해서 빨리 일을 마무리하라."라며 회사의 요구에 따라 주길 요청한다.

"저도 이렇게 하면 힘들다는 것을 알고 있고, 정말 불만이 많습니다."라고 원망하면 열에 여덟은 당신의 요청을 들어주지 않을 것이다. 당신 스스로도 설득하지 못했는데 다른 사람이 어떻게 잔업을 받아들이겠는가. 그렇다면 자신의 의견을 어떻게 논리화해서 전달할 것인가. 당신이 자신의 말을 더 논리적으로 만들고 싶으면 '논리의 세 가지 기준'을 참고하라. 자신이 의견을 표현하는 과정에서 세 가지를 시도해볼 수 있다.

1) 명확한 의견을 전달하라

일상 대화 속에서는 자신의 의견을 아무렇게나 표현해도 무방하다. 그렇지만 공식적인 자리나 무언가를 설명할 때는 신중해야 한다. 의견이나 방안을 제시하고, 보고하고, 연설할 때는 반드시 자신의 의견을 먼저 나열해본다. 그 후에 더욱 적절한 방법으로 전달해야 한다.

"제 의견은 이렇습니다. …"

"저는 이렇게 생각합니다. …"

"저는 이렇게 하는 것이 더 좋다고 생각합니다. …"

당신이 어떤 방식을 선택하든지 한 가지는 확실히 해야 한다. 당신의 주장을 한마디로 정리할 수 있어야 된다. '한마디로 귀결시키는 표현'의 훌륭한 예시는 뉴스 제목이다. 신문이나 포털 사이트에 접속할 때, 제목만 봐도 뉴스가 전하는 내용이 뭔지를 알 수 있다. 당신은 상대에게 한 번에 너무 많이 의견을 받아들이도록 해서는 안 된다. 하나의 주제를 명확히 말한 이후에 다음 이야기를 꺼내야 한다.

2) 명확한 이유를 설명하라

다른 사람들이 당신의 의견을 받아들이도록 하려면 충분한 근거가 있어야 된다. 만약 당신이 '전달하려고 전달할 뿐 왜 그렇게 말하는지 실명하지 않으면 안 된다. 다른 사람이 그 의견에 의구심을 품게 되기 때문이다. 정확하며 명쾌한 대답을 주지 않는다면 그것을 믿고 따르지 않는다.

예를 들어서 "우리 직원들이 다른 곳으로 빠져나가고 업무에 적극성이 낮습니다. 이 문제에 대해서 중요하게 생각할 필요가 있습니다."라며 말했다고 가정해 보자. 이렇게 말했다면 당신은 왜 중요하게 생각을 해야 하는지를 명확하게 설명해야 한다. "올해 상반기에 총 3회에 걸쳐서 채용박람회를 열었고, 총 25,000달러 지출했습니다. 처음 채용 인원은 25명이었으나 3개월 수습 기간 이후에 15명이 다른 곳으로 빠져나갔습니다. 지금까지 반년 동안 채용된 신입사원이 고작 3명에 불과합니다. 더 중요한 것은 사내의 기술직 직원들이 상대회사로 모두 빠져나가고 있다는 것입니다."

자신의 주장이나 의견을 강조하고 적당한 근거를 제시해 설득력과 논리성을 더해야 한다. 명확하고 정확한 수치 같은 근거는 아주 좋은 설득 도구가 된다. 일상 속에서 생각을 전달하는 경우에도 그렇다. 자신의 경험을 추가할 수 있다. "최근 두 달 동안 우리 부서에서 5명이나 회사를 그만뒀어."

3) 논리적 신호를 끌어들여라

논리적 신호를 끌어들이면 같은 주제에서 그 작용이 일어난다. 이 문제에서 저 문제로 옮겨 갈 때에 논리적 신호가 있으면 청중들은 갑작스럽다고 느끼지 않는다.

"어떻게 부하 직원들의 동력을 잘 끌어올릴 것인지에 대해 구체적인 의견은 바로 이렇습니다. … 우리는 현재의 인력 자본이 끊임없이 늘어나고 있는 것에 주의해야 합니다. 하지만 이것만 믿고 있는다면 직원들을 더 잘 격려할 수 없으며 인원만 줄어들 것입니다. 저는 여러분이 이 문제에 대해서 어떤 생각을 가지고 계신지를 알고 싶습니다."

'하지만'이라는 단어는 화제를 '회사 인력에 대해 나의 의견 듣는 것'에서 전환했다. '현재의 인력자원에 존재하는 문제로' '저는'이라는 단어는 사람들 의견을 듣고 싶어 한다. 이에 관련하여 더 많은 의견을 얻고 싶어 하는 것에 주목하게 만들었다. 이를 통해서 논리적 신호를 끌어들이는 것은 화제의 전환 역할을 한다. 뿐만 아니라 현재 주제에 사람들을 참여시키는 역할을 하는 것을 알 수 있다. 그럼 다음처럼 논리적 신호를 사용해 보자!

(1) 요점 신호
앞의 내용을 간결하게 정리한다. (바꿔 말하면, 한마디로, 요약하면, 총체적으로 등)
(2) 이유 신호
앞의 의견에 대한 근거를 서술한다.
(제가 이렇게 말하는 것은 … 때문입니다. 제가 이렇게 말하는 이유는 … 때문에 등등)
(3) 대비 신호
"앞의 내용과의 대비에 주의하라."라고 청중에게 알려준다.
(이외에, 혹은, 다른 측면으로는, 주의해야 할 것은 등등)
(4) 전환 신호
"아래 내용은 앞의 내용과 다르다."라고 청중에게 알려준다.
(하지만, 그러나, 그렇다고 할지라도 등)

이런 논리적 말하기 세 가지 요소를 사용하는 것은 한 번에 능숙하게 되는 일이 아니다. 가장 간단한 방법은 자기가 말하는 방식과 비교하여 부족한 요소를 찾아 훈련하는 것이다. 일상생활에서 많이 연습해 보고 활용을 많이 할수록 말의 논리력은 더 강해진다.

[소소한 말투 포인트]

말을 더 논리적으로 하고 싶으면 '논리의 세 가지 기준'을 사용하자. 1. 명확한 의견을 전달하라 2. 명확한 이유를 설명하라 3. 논리적 신호를 끌어들여라

제2장

"

대화법을 바꾸면 모든 사람이
내 말을 경청한다

9. 생산적인 대화를 촉진하는 데 도움 되는 핵심전략 5가지

혹시 말을 뱉어 놓고 미안했던 적이 있는가? 그 말은 하지 말았어야 했다며 후회한 적 있는가? 그렇다면 지금부터는 이렇게 하자. 바로 사과를 하는 것이다. 사과가 불가능한 일이란 존재하지 않는다. 불가능하던 일을 가능한 일로 만들 수가 있는 유일한 대화법이다. 도무지 대화가 안 통할 것 같은 사람들이 있다. 극우파와 극좌파, 페미니스트와 남성우월주의자, 채식주의자와 육식주의자가 있다. 이들이 대화를 나누는 것이 가능하기나 할까? 백인우월주의자와 유색인이 있다. 대화가 가능하다면 과연 어떻게 가능할까?

오클라호마주 머스코지시에서 85년 전에 태어난 한 흑인 여자아이 이야기를 소개하고자 한다. 그녀는 쌍둥이로 태어난 목사 딸로 이름은 '젤노누흐'였다. 그녀는 마틴 루터 킹이 초대 회사장을 역임한 시민운동 집단에서 일하고자 했다. '남부 그리스도교 지도회의' 안에서 일하기 위해 1965년에 애틀랜타시로 이사를 갔다. 젤노누흐는 킹 박사와 긴밀하게 협력하여 그의 아내인 코레타와 친한 친구가 되었다. 젤노누흐는 애틀랜타 지역 병원들 인종차별 정책을 철폐하기 위해서 힘써 일했다. 그 결과 상처 입은 흑인 환자들이 수 킬로미터 떨어진 흑인 보호시설에 이송되지 않아도 됐다. 그녀의 공로는 애틀랜타 시장이었던 이반 앨런 주니어에게 알려졌다. 앨런은 그녀를 '모델 시티즈 프로그램' 리더로 임명했다.

이 프로그램은 린든 존슨 대통령이 이끌었던 '위대한 사회 캠페인' 한 부분이었다. 빈곤한 이웃 환경을 개선하고 신세대 흑인 지도자 양성하는 것을 목적으로 하고 있었다. 젤노누흐는 애틀랜타 지역 모델 시티즈 리더로 활동하며 서로 다른 다섯 개 공동체를 감독했다. 이 다섯 개 공동체 각각에는 의장이 있었다. 젤노누흐가 일을 시작했을 때 앨런 시장이 그녀에게 캘빈 크레이그를 조심하라고 일러주었다. 당시 크레이그는 백인우월주의 집단 KKK단 미국 지부의 최고지도자 자리를 맡고 있었다. 젤노누흐는 수년 후 캘빈과 첫 만남을 이렇게 회상했다.

젤노누흐: "한 남자가 제게 악수를 청하면서 손 대신 손가락 하나를 저한테 내밀었다. '이 사람이 크레이그로구나'라며 생각했어요."

다음 한 해 동안 젤노누흐와 캘빈은 인종 문제를 비롯해 온갖 주제에 대해 매일 대화를 했다. 어떤 이유 때문인지는 몰랐지만, 캘빈은 그녀의 사무실을 계속해서 찾아왔다. 그렇게 그들은 함께 앉아서 친밀하면서도 존경 어린 태도로 대화를 이어갔다. 그녀는 캘빈이 자신을 형식적으로 대하지 않았다고 말한다.

젤노누흐: "제가 보기에 그는 매우 신사적이었어요, 우리는 화기애애하게 대화를 나누었지요. 제가 '왜 계속 사무실을 찾아오시나요? 우리는 의견이 많이 다르잖아요?' 하니 캘빈 크레이그는 '하하하, 클레이턴 부인, 당신과 대화하는 건 재미있기 때문이지요.'라고 대답했어요."

두 사람이 그토록 자주 대화 나눈 사실을 사람들은 알지 못했다. 1968년 4월 캘빈이 기자회견을 열어서 KKK단을 떠난다고 발표했을 때는 깜짝 놀랐다. 하나 되어 어깨를 나란히 맞대며 설 수 있는 미국을 건설하는 데에 헌신하겠다고 말했다. 이 이야기도 보기보다 사정이 복잡하다. 크레이그는 결국 KKK단에 재합류했다가, 수년 후에 다시 그만두기도 했다. 젤노누흐가 대화를 통해서 그를 인종주의에서 벗어나도록 도왔다고 한 것은 결코 과장이 아니다. 캘빈 자신도 자기가 태도를 바꾼 것은 그녀 덕이란 점을 인정했다. 캘빈 딸은 43년 후에 젤노누흐를 만나게 해 달라고 간청해 왔다. 젤노누흐와 만났을 때 그녀는 이렇게 말했다.

캘빈 딸: "깊은 감사를 드리기 위해서 이 자리에 왔습니다. 제 아버지와 가족을 치료해 주셨잖아요."

젤노누흐는 캘빈 딸에게 자신이 캘빈 마음을 바꾸려 한 것은 아니었다고 말해주었다. 나는 이 이야기를 매우 사랑한다. 상대 말을 귀담아들으며 배우려는 두 사람 대화가 얼마나 큰 힘을 발휘하는지 보여주는 사례이다. 이 이야기는 대화가 얼마나 강력한 치유력을 가지고 있는지 잘 보여준다. 이 이야기는 '서로 의견이 너무 달라서 도저히 대화를 나눌 수가 없다.'라고 말하는 이에게 교훈이 된다. 흑인 여성과 백인 우월주의 KKK단 수장도 서로를 존중하며 열린 태도로 대화를 나눌 수 있다.

그렇다면 채식 다이어트만을 하는 여성과 대화 나누는 것쯤은 식은 죽 먹기일 수도 있다. 어떤 주제들은 다루기 까다롭고, 다른 사람 비위를 건드리고 감정을 상하게 할 위험이 크다. 논쟁에 휘말리지 않고 어려운 대화를 나누는 방법을 소개하려고 한다. 오랜 경험과 연구를 통해 생산적인 대화를 촉진하는 데 도움 되는 핵심 전략을 찾아낼 수가 있었다. 다섯 가지는 아래와 같다.

1) 호기심 갖기

첫 번째 요소로 '호기심 갖기'는 다른 사람한테 무언가 배우려는 진실한 의도를 품는 것이다. 젤노누흐는 캘빈과 대화하며 캘빈을 설득하거나 잘못을 입증하려고 하지 않았다. 대신에 캘빈이 그러한 신념을 갖게 된 배경이 무엇인지 궁금해했다. 자기 존재를 위협하는 입장을 지지하는 사람은 어떤 사람인지를 알고자 한 것이다.

적의 무장을 해제하는 진정한 방법은 하나, 그들의 말에 귀 기울이는 것뿐이다. 그들의 말을 들어보면 당신 자신이 그들처럼 살았을 경우를 이해하게 될 것이다. 즉 그들과 비슷한 선택을 내렸을지 모른다. 당신이 그들하고 같은 환경에 노출되었을 경우를 생각해 보자. 당신은 어떤 영향을 받았을지 고민해 보라는 것이다.

2) 편견 검토하기

우리 자신을 다른 사람의 입장에 놓아보아야 한다. 자신의 편견을 없애는 방법이 있다. 상대가 말하는 것에 자신이 동의하는지 안 하는지 계속 판단하려는 충동에 저항하는 것이다. 누군가에게 '귀를 기울이는 건' 그들에게 동의하는 것하고는 다르다. 듣기의 일차적인 목적은 이해하는 것이다. 그 사람의 생각이 나와 같은지 다른지를 판단하는 것은 아니다.

문제는 이러한 분류 작업은 별로 정확하지 못하다는 것이다. 부분적인 단서를 토대로 하여 사람을 분류하려고 하는 심리는 '후광효과 halo effect'라고 한다. 또는 '뿔 효과 horn effect'라고 하는 것도 관련 있다. 기본적으로 우리는 다른 사람의 한 개의 측면을 받아들인다. 그 사람의 다른 측면들까지 긍정적으로 평가를 하는 경향이 있다. 우리가 누군가에게 호감 가며 믿을 만한 사람으로 분류하기 위해서 필요한 것이 있다. 하나의 공통된 관심사이다. 그 반대도 마찬가지다. 상대의 겉모습이나 의견 또는 지위 등을 받아들일 수가 없는 경우이다. 우리는 그 사람의 모든 다른 측면을 부정하는 경향이 있다.

편견이라는 것이 모두 잘못된 건 아니다. 편견은 어느 정도까지는 필수적인 생존 수단이다. 편견은 생존과 복잡한 세상을 보다 빠르게 이해하기 위해서 생겨난 것이기도 하다. 고정관념에는 생긴 지 얼마 안 되는 것도 있고, 새로 생겨나는 것들도 있다. 실제로 과학자들이 실험실에서 고정관념 발생 과정을 재현하는 데 성공한 바가 있다. 이는 우리가 언제든지 고정관념을 새롭게 만들어 낼 수 있는 것을 의미한다. 상대의 편견이든 나의 편견이든 편견은 한쪽으로 치워 두는 것이다. 편견에 집중 말고 그 사람과 나의 관계에 더 집중하라는 것이다.

3) 존중하는 마음 갖기

세 번째 제안은 언제나 존중하는 태도를 보이라는 것이다. 대화를 나눌 때 서로 공통점을 찾는 것보다 상대에 대해서 존중하는 태도를 보이는 게 중요하다. 상대를 존중하려면 존중받을 가치가 있는 한 명의 인간으로 바라보아야 한다. 의견의 불일치에도 불구하고, 상대방과 공감하는 방법을 찾아내야만 한다. 모든 사람이 자기 삶 속에 긍정적인 결과를 만들어 내기 위해 노력한다고 가정을 해본다.

싫어하는 사람 또는 이해할 수 없는 사람과 마주치면 추구하는 목표를 알기 위해 노력해 보라. 당신과 의견이 다른 유명 인사 영상을 보면서 공감 기술을 훈련할 수 있다. 물론 이는 쉽지 않은 일이지만 자기와 의견이 다른 사람과 언쟁하는 것보다는 훨씬 쉬운 일이다. 미친 사람이 아닌 이상에 그들도 그들 나름대로는 이유와 목표가 있다. 물론 그 이유와 목표를 듣는다고 하더라도 당신은 그에 대해서 동의하기 어렵다. 나름대로 살기 위해서 노력하는 사람이다. 다만 방식이 당신이 생각하는 것과는 다르고 이해하기 힘든 것일 뿐이다.

나의 공감 기술을 발전시키기 위해 운전을 활용하고는 한다. 내가 운전하는 동안 누군가가 내 앞쪽에 끼어들거나 정지신호를 무시하며 달릴 때가 있다. 내가 느끼는 첫 충동은 그 사람들의 지적 능력이나 양육 환경을 깎아내리는 것이다. 얼마 전부터 그들이 왜 그토록 서두르는지, 왜 기분 나쁜지 상상하려고 노력해 봤다. 쏟아내고 싶은 욕설 대신에 나는 이렇게 생각하기로 했다.

'아마 안 좋은 하루를 보냈겠지.' '아마 아이를 보려고 집을 서둘러 가는 중일 거야.' '아마 무슨 중요하고 바쁜 일이 있었겠지.' 내가 상상한 것이 사실인지는 그다지 중요하지 않다. 이 연습 목적은 다른 사람을 나처럼 일상 도전들에 직면하는 한 개인으로 바라보는 것이다. 마음 훈련시키는 것이다. 한번 생각해 보라. 내가 욕하려 했던 그 사람들과 달리 나는 늘 교통법규를 지켰는가? 언제나 상대 운전자를 배려하며 운전했다고 자신할 수 있는가? 핵심이 되는 건 다른 사람을 한 명의 인간으로 바라보는 것이다. 즉, 복잡한 세상과 이 어려운 삶을 헤쳐 나가기 위해서 노력하는 사람으로서 봐야 한다.

이 훈련은 다른 누군가가 아니라 나 자신에게 혜택을 가져다준다. 당신이 상대를 존중하지 않는다면 생산적인 대화를 나누기 힘들다는 것을 명심해야 한다. 게다가 처음 만난 사람에 대한 견해가 맞을 가능성보다는 다를 가능성이 더 크다.

4) 논점 유지하기

어려운 대화와 관련해서 해주고 싶은 조언 네 번째는 논점 유지를 하는 것이다. 누군가와 대화하는 도중 금기시되는 주제(죽음, 이혼, 인종 문제와 같은 주제)가 나온다면? 그렇더라도 주제를 바꾸려 노력하지 말라. 농담을 던지거나 옆길로 새어 나가지 말라. 어려운 문제에 관한 대화는 불편한 경우가 많고, 무슨 말을 할지 모를 때는 더 그렇다. 그렇더라도 불만을 느끼면서 말 돌리는 일은 피해야 한다. 도망치는 것보다는 침묵하는 쪽이 훨씬 더 낫다. 할 말이 아무것도 없으면, 그저 듣기만 하라. 당신이 상대방의 말에 동의할 수 없다는 사실을 받아들이자. 동의하지 않아도 괜찮다는 사실을 인식하라.

5) 잘 마무리하기

모든 대화 상황 시 특히 어려운 대화 상황에서 적용된다. '끝맺음을 잘하라'라는 것이다. 끝맺음을 잘한다는 것은 마지막을 멋진 말로 정리를 하라는 의미가 아니다. 그 반대로 당신은 마지막 순간에 결정적 발언을 하지 않아도 된다. 상대와 친밀한 관계를 유지하려면, 그런 충동은 내려놓는 것이 좋다. 그 사람이 만난 지 얼마 안 된 사람이든 친한 사람이든 대화가 즐거웠다고, 고맙다고 하라.

마지막 전하고 싶은 대화 기술은 '사과'이다. 어려운 대화는 가끔 통제 범위를 벗어나기도 한다. 그럴 때 사람들은 상처를 받으며 화내기 시작한다. 이럴 때 앞으로 나아가는 방법은 하나, 누군가가 먼저 사과하는 것뿐이다. 사과는 쉬운 일이 아니다. 사과는 어색하고 고통스러운 일일 수가 있다. 그렇지만 핵심은 바로 거기에 있다.

우리가 사과를 할 때에, 상대는 고심하는 우리 모습을 보면서 불편해한다는 사실을 알고 있다. 연민 어린 반응을 나타내게 될 것이다. 진정한 사과는 화해를 촉진시키는 강력한 촉매 작용을 하는 것이다. 사과는 당신이 상대방에게 진심을 전함으로써 불가능한 일을 가능한 일로 만들어 내는 대화법이다.

생산적인 대화를 촉진하는 데 도움 되는 핵심 전략 다섯 가지를 실행해 보자.

1. 호기심을 갖기 2. 편견 검토하기 3. 존중하는 마음을 갖기 4. 논점을 유지하기
5. 잘 마무리하기

10. 화제전환, 우수한 대화는 한 그루의 나무처럼 전개되어야 한다

"막힘없는 대화란 존재하지 않는다. 대화시간이 길어지면 분명 어떤 관점으로
인해서 어긋나거나 대화가 막힐 수 있다."

– 하버드대학 심리학자 마이클 샌델

상대방 화제 선택에만 따르는 대화만을 하게 되면 대화의 절반이 샛길
로 빠지게 된다. 당신은 평범한 회사원이고 상대는 학술계의 거장인 경우
라고 하자. 계속 격려하고 경청하면 상대는 당신이 정말로 자신의 연구에
대해서 듣고 싶어 한다고 오해한다. 그렇게 되면 당신은 '양자역학이 세계
에 어떠한 영향을 끼치는지' 오묘한 이론 속에 빠져야 한다. 이때 적절히
반응하지 못해서 화제가 막히거나 소통할 기회를 잃어버리게 되는 경우가
많다. 그렇게 되면 상대는 당신이 화제에 흥미가 없다는 것을 알게 된다.

형식적으로 대화에 임했다는 것에 불쾌하게 생각할 수도 있고, 대화는
지속될 수 없다. 어떠한 대화든지 차분하게 대처할 수 있고 함께 흥미를
느끼는 영역에 화제가 머물도록 해야 한다. 마이클 샌델은 하버드대학에
서 훌륭한 강연자이며 심리학자이다. 해마다 많게는 200번 이상의 강연을
진행한다. 그의 강연을 듣기 위해서 찾아오는 청중도 각양각색이나. 백발

노인부터 어린 티가 가시지 않은 청년들, 사회생활 경험이 풍부한 엘리트까지 다양하다. 그가 사전에 어떻게 생각했든지 일단 청중 앞에 서면 항상 놀라게 된다. 매번 찾아오는 청중들이 상상했던 것하곤 다르기 때문이다. 이럴 때 그는 임기응변으로써 화제를 전환한다.

그렇지 않으면 무대 위에서 자신만 즐거울 것이다. 객석의 청중들 모두 떠나버리는 상황이 발생할 수가 있다. "한 번의 강연에서 저는 수차례 화제를 전환합니다. 이런 경우는 자주 빈번하게 발생하죠. 그래서 한 번의 강연을 위해서 180개에 달하는 화제를 미리 준비합니다. 이는 모두 할 말 없는 난처한 상황을 모면하기 위한 거죠." 강연은 "1 대 다수' 대화이고, 우수한 대화는 한 그루 나무처럼 전개되어야 한다."라고 마이클 샌델은 생각했다. 나뭇가지가 자라는 것같이 화제는 연장되어야 하는 것이다. 만약 이야기가 이어지지 않는 상황이면 자연스럽게 다른 화제로 넘어가야 한다.

1) 평소에 보고 듣고 느낀 것들을 말하라

많은 사람들은 사회적 교류 화제 선택에 대해서 오해를 하고 있다. 신기한 일들만 이야기할 가치가 있다고 생각한다. 예를 들면 빌 게이츠를 만나는 것처럼 이색적인 일이거나, UFO가 찾아오는 것 같은 상황 말이다. 대화시간을 자기 자랑 시간으로 바꾸는 경우도 있다. 심오한 이론이나 학문적 화제가 사람들에게 환영받을 리는 없다. 이러한 화제를 받아들일 수 있는 청중은 매우 제한되어 있기 때문이다. 사람들은 신기하면서 알려지지 않은 이야기를 듣는 것도 좋아한다.

그렇지만 일상생활과 관련된 일반적 화제를 더 많이 좋아한다. 예를 들어서 최근 어떤 스타에게 스캔들이 났는지, 직장에서 재미있는 일이 생겼는지 말이다. 핫한 사회적인 이슈 또한 좋은 이야깃거리가 된다. 그러므로 당신은 다른 사람과 어떤 얘기를 나눠야 할지 고민할 필요가 없다. 즉, 당신이 보고 듣고 느낀 것이 모두 좋은 화젯거리이다.

2) 말하기 고수가 되고 싶으면 화제를 메모해 놓자

매일 새로운 주제를 찾아보고 많은 화제를 축적해 보자. 화제는 실효성이 있어 아주 빠르게 그 시기를 지나칠 수가 있다. 예를 들자면 월드컵은 경기가 진행되는 달에 아주 뜨거운 화젯거리이다. 그렇지만 3개월이 지나 이야기하면 신선하지 않은 화제가 된다. 평소 시간이 빌 때마다 노트를 꺼내어 새롭게 떠오르는 생각을 기록해 보자. 이미 시기가 지난 화제가 있는지를 체크해 삭제하고 새로운 내용으로 빈칸을 채워 나가보자. 당신에게는 새로운 화제가 늘 넘칠 것이다. 마이클 샌델은 노트를 핫한 화제 창고라 불렀다. 보통 사람도 핫한 화제의 창고를 가지고 있는 것만으로도 말하기 고수가 될 수 있다.

* 핫한 화제 창고
(1) 사람: 가정 관계, 부모, 존경하는 사람, 절친, 자기 자신, 반 친구, 이웃 관계 등
(2) 사건: 잊지 못할 일, 인상 깊은 이야기, 여행, 흥미로운 이야기, 소망, 꿈, 휴일, 결혼, 연애, 옷이나 액세서리 등
(3) 생활: 어렸을 적 재미있었던 일, 학습, 직업, 독서 생활, 여가 생활, 성장 과

정, 고향 풍속, 고향의 변화, 친구 또는 동료와 어떻게 지내는지, 쇼핑 등

(4) 취미: 좋아하는 영화 장르, 어떤 영화에 대한 감상, 책, 음악, 기타 취미, 이
   야기, 동물, 문예활동, 요리, 스포츠, 맛집 탐방, 꿈꾸는 직장 등

(5) 사회적 이슈: 최신 유행, 친구 사귀기, 공중도덕, 자녀 교육, 어떤 사회 현상에
   대한 관점, 외국어를 공부한 경험, 개인적 수양, 위생과 건강, 다이어트, 자연
   환경, 상품 소비, 과학기술 발전, 주식 재테크, 게임, 군사 무기, 자동차 등

대화를 나눌 상대에 대해서 미리 안다면 화제를 2차로 세분화할 수가
있다. 준비된 대화 화젯거리로 끊임없이 대화를 이어가면서 유연하게 분
위기를 이끌면 된다.

3) 어색하거나 어려운 화제는 피하라

이야기를 주고받을 때 화제 연장을 해야 하는 경우가 있다. 상대가 하는
이야기를 듣고 그의 반응을 살피자. 그 후에 "이 범주에서 나는 무엇을 이
해했는가?"라고 반문해 보자. 그러면 당신은 쉽게 많은 일들에 관해서 이
야기할 수 있다. 예를 들어 상대가 컴퓨터를 바꾸고 싶다는 화제를 꺼냈다.
당신이 컴퓨터 설치에 대해 어느 정도 아는 게 있으면 이와 같이 반응하자.
"컴퓨터는 사무용으로 쓰실 건가요. 게임용으로 쓰실 건가요?"라고 하면
된다. 자기 경험을 근거로 다른 사람 의견을 구하면 보다 편하게 대화 속
에 녹아들 수 있다. 이를 통해서 나중 대화에도 관련된 정보를 제공할 수
있다.

그렇지만 질의응답이 아닌 대화를 명확히 하기 위해서 당신은 다음 사

항을 명심하면 좋다. 만약 당신이 어떤 화제에 능숙하지 않으면 계속 그 화제에만 얽혀 있지 마라. 최대한 자연스럽게 묻고 답하라. 상대의 대화가 당신보다 많은 상태를 유지하라. 이전에 언급했던 것처럼 적절히 자신의 사적인 정보를 노출하라. 적당한 때에 "당신은 어떻게 생각하시나요?", "이 일은 정말로 이해할 수 없네요."와 같은 말을 사용해서 상대에게 당신이 적극적으로 듣고 있는 것을 알려라.

4) 흥미로운 화젯거리로 방향을 돌려라

대화를 지속시키는 중점으로는 서로가 흥미를 느낄 만한 대화 주제인가에 있다. 때로는 서로가 흥미를 느끼지 못하는 화젯거리로 이야기를 할 수 있다. 이때 효과적인 화제전환 방법을 사용하여 당신은 대화 순서를 조정해야 한다. 직접 상대방에게 이야기한다. 예를 들어서 "이 문제는 금방 해결될 수가 있는 문제는 아닌 것 같아요. 제가 듣기로는…"이라고 말하면서 화제를 다른 새로운 방향으로 틀 수 있다. 상대의 주의를 돌리고 상대의 말 중에 세부적인 내용 하나에 이어서 조언을 구하자.

대화를 연장하는 방법들로 화제를 전환할 수가 있다. 예를 들어, 상대가 친구를 지적하고 있다고 생각해 보자. "걔는 너무 쪼잔해. 여러 번 같이 밥 먹으러 갔는데, 정작 돈 낼 때는 돈을 꺼내는 걸 본 적이 없어." 이런 때에 당신은 "그때 어디서 먹었어?"라고 물을 수 있다. 상대가 대답하고 나면 그 음식점에 대해 특색 있는 음식을 이야기할 수 있다. 이를 통해서 화제를 전환하는 것이다. 사실 일상생활 속에 크고 작은 일은 취미,

취향이 다른 사람과 이야기하기에 무난한 화제이다. 상대가 냉정하고 고귀해서 학문적 업적만 높이려고 하는 사람이 아니면 화제가 없는 것을 두려워 말아라.

[소소한 말투 포인트]

말하기 고수가 되고 싶다면 평소에 핫한 화제 창고를 가지고 있도록 하자. 당신에게 새로운 화제가 늘 넘칠 것이다!

11. 말의 요점과 결론을 전달하라

주제와 수를 전달하여 상대의 이야기를 들을 준비가 되었다면 '결론'을 말하자. 아래는 '주제', '수' 그리고 '결론'이 담긴 설명이다. "향후 마이너스 금리가 일반 가정 가계에 어떤 영향을 미칠지 말씀드리겠습니다(주제). 중요한 포인트는 세 가지입니다(수). 현재 1. 예금 금리 저하, 2. 주택담보대출 금리 저하, 3. 보험상품 금리 저하에 영향을 미칠 것입니다(결론)."

어떤가? 아주 짧은 문장이라도 이것만으로도 '이야기의 전체상'을 알 수가 있다. 듣는 사람은 '앞으로 이런 이야기가 진행되는구나.' 하며 머릿속으로 준비를 할 수 있다. 이것이 이야기의 이해도를 높이는 지름길이다. 사실 이렇게 짧게 전달하기는 쉬운 일은 아니다. 많은 사람들은 결론부터 말하라는 이야기를 자주 듣는다. 그것이 중요하다는 것도 알고 있다. 그렇지만 실제로 '결론'부터 말할 수 있는 사람은 많지 않다. 그 이유는 '결론'만 전달하면 무언가 부족하다고 느끼기 때문이다.

맨 마지막에 서술어가 오는 언어의 특성상, 말할 때도 핵심이 되는 결론이 뒤에 온다. 내가 무엇을 원하는지, 무슨 얘기를 전하고자 하는지 가장먼저 나와야 한다. 말할 때 서론이 너무 길면 상대는 지루해진다. 집중력이 떨어진다. 어느 누구도 구구절절 내가 늘어놓은 서론에 귀를 기울이거나 동의하고 다 받아들이지 않는다. 서론은 내 입장에서 던지는 지극히 주관적 설명이고 나한테만 중요하다. 듣는 사람은 이를 중요하게 생각할 이유와 동기가 없다.

내가 전하고자 하는 내용을 한마디로 요약하고 그것을 가장 먼저 말하는 습관을 권유하려고 한다. 막상 해보면, 결론부터 말하기는 쉽진 않지만, 그래도 자꾸만 결론을 가장 먼저 말해보자. 결론부터 말했을 때, 상대방이 선뜻 받아들이지 않을까 봐 걱정이 앞서는 것은 당연하다. 그렇게 결론을 먼저 말했을 때, 상대방이 동의하든 반대하든 말하는 사람의 부연 설명에 집중한다. 반대하는 상대라면 어떤 이유로 말하는 사람이 얘기하는지 궁금해서 설명을 들을 것이다. 동의하는 상대라면 무조건 말하는 사람 얘기를 듣게 되니까 걱정 안 해도 된다.

즉, 하고자 하는 말을 직설적으로 표현을 하는 것이다. 빙빙 돌려서 말하거나 간접화법으로 말하는 것을 피하자. 말해야 할 것이 있으면 솔직 담백하게 정확한 단어를 사용해서 말하자. 괜한 비유나 은유 또는 쓸데없는 시적 표현은 하지 않는 게 좋다. 상대방도 피곤하게 만들고 정작 말하는 사람도 눈치를 봐야 하기 때문에 피곤해지기만 한다. 즉 소모적인 말하기다. 단도직입적으로 말을 했을 때 관계가 어색해지면 그 오해를 풀어주면 된다. 뒤끝 없는 깔끔한 모습을 보여줌으로써 프로다운 면모를 드러낼 수 있게 된다. 이런 말하기 습관이 익숙하지 않으면 선뜻 입이 안 떨어질 수 있다. 예의 없는 당돌한 말하기가 아닌지 우려되어 자신이 안 생기는 것도 당연하다.

오히려 직설적 말하기는 불필요한 오해를 살 일이 적다. 하지 않아도 될 걱정이나 뒷수습해야 할 거추장스러운 일도 줄어든다. 이런 말하기에 익숙해졌을 때, 상쾌함과 깔끔함이 주는 긍정의 에너지를 추구하게 될 것이다. 영업 회의에서 누군가 생각을 전달할 때는 "B 안이 좋다고 생각합니다."라면서 말한다. 이런 식으로 결론부터 말한다면 추가 설명이 필요해질 것이다. '왜 그렇게 생각했을까?', 'A 안과 C 안도 있는데 그것들로는 안 될까?' 하고 듣는 사람들 머릿속에는 의문이 생길 수밖에 없기 때문이다.

경우에 따라서 반격을 받을 수도 있다. 반격이 무서워서 사전에 상대방의 의문점이나 반론에 대처할 때를 보자. "A 안, C 안도 있지만 각각 어떤 장단점이 있는지를 고려해서 B 안으로 정했습니다."라고 말한다. 구구절절 설명하기 십상이다. 설명이 길고 복잡해질수록 정말 전달하고 싶었던 'B 안이 좋다고 생각합니다.'라고 하면 안 된다. 이런 메시지는 상대방에게 잘 전해지지 않는다.

이와 같은 상황을 막아줄 테크닉이 있다. "결론부터 말씀드리겠습니다."라는 머리말을 다는 것이다. 그러면 '이후 상세하게 설명하겠구나.'라고 상대도 이해하고 반격하지 않는다. 만약에 영업 미팅에서 다음과 같이 이야기를 듣는다면 어떤 생각이 들까? "신상품 '상큼 차'는 중성지방이 늘어나지 않게 억제하는 효과가 있습니다. 20~50대 남녀 300명에게 식전 이 차를 마시게 한 실험을 했습니다. 그 결과, 중성지방 20퍼센트가 감소했습니다. 쓴맛 때문에 마시기가 힘들다는 의견이 있어서 다른 찻잎을 섞어서 맛을 개선했습니다." 포인트가 많아서 머릿속에 들어오지 않는다.

말의 첫머리를 "결론부터 말씀드리면 신상품 '상큼 차'는 몸 안에 지방이 잘 쌓이지 않도록 합니다. 이러한 효과가 있어서 다이어트에 좋습니다." 에서 우선 끊는 것이다. "왜냐하면, ……이라는 실험 결과가 나왔기 때문입니다. ……를 해서 맛을 개선했습니다."라는 식의 이유와 함께 보충 정보는 결론을 전달한 뒤에 추가하면 된다. 우선은 '결론만' 의식해 이야기해 보는 것이다.

결론이 옳다는 걸 보여주는 근거가 핵심이다: '이유'하고 '구체적 예'를 전달하자.

'주제', '(말하고자 하는 내용의)수', '결론' 전달을 하면 상대 머릿속 준비된 양동이에 물이 반쯤 담긴다. 그다음에는 양동이 가득 채우기만 하면 된다. 어째서 그러한 '결론'이 도출되었는지 '이유'와 '구체적 사례'를 이야기하면 설득력이 커진다. 여기서 말하는 '이유'라는 것은 설명하는 '결론'의 근거를 뜻한다. 조금 깊이 있는 이야기가 나와도 상대는 '결론'을 알고 있어서 혼란스러워하지 않는다.

가령 '최근 밸런타인데이에 여성 친구끼리 초콜릿을 주고받는 일이 늘고 있다'가 '결론'이라고 하자. 그 '이유'로 다음과 같은 실험 결과, 실적 등 객관적 사실을 언급하면 설득력이 더욱 커진다. "다음은 2013년에 실시된 제과 회사에서 조사한 결과입니다. 10대, 20대의 여성이 초콜릿을 줄 예정인 상대로는 동성 친구가 약 70퍼센트로 가장 많았습니다. 남자 친구(약 40퍼센트), 고백하고 싶은 남성(약 10퍼센트)을 크게 웃도는 결과였습니다." 나아가서 '구체적 사례'에도 결론을 보충하는 정보를 담는다.

사례는 결론이 옳음을 보여주는 것이어야 된다. "초콜릿 매장에 여성 손님들이 줄지어 서 있었습니다."와 같은 이야기로 '결론'을 보충할 수 없다. 줄 서 있었던 여성 대부분이 남성을 위해서 초콜릿을 샀을지도 모른다. "친구에게 주는 '의리 초콜릿'이라고 하는 말이 유행하고 있습니다." 또는 "작년엔 여성들끼리 초콜릿을 가져오는 모임을 도내 각지에서 열었다고 합니다."와 같이 말하면서 결론을 뒷받침하는 사례를 보여주게 된다.

마지막으로 중요한 것은 '결론'이다. 즉 정리한 '결론'을 반복하면 된다. 텐프렙의 법칙에 따라서 설명하면 기본적으로 상대가 이해하지 못할 일은 없다. 다만 '이유'와 '구체적 사례'에 관한 언급이 너무 길거나 임팩트가 강하면 그쪽으로 관심이 쏠린다. 기껏 알기 쉽게 설명했는데도 '재미있는 내용이긴 한데, 원래 무슨 이야기였지?' 하고 상대가 주제를 잊어버린다면 보충 설명하지 않은 것만도 못하다. 그렇기 때문에 마지막으로 "그래서 오늘 말씀드린 것은 ○○이었습니다"라는 식으로 말해야 한다. '결론'을 반복해서 상대방의 기억을 일깨워야 한다.

끝맺음의 '결론'은 처음 이야기 '주제'를 말하는 것만큼이나 중요 포인트이다. 헛된 설명으로 만들지 않기 위해서는 다시 한번 더 강조를 해주는 것이 좋다.

[소소한 말투 포인트]
주제와 수를 전달하고 상대의 이야기를 들을 준비가 되었다면 '결론'을 말하자. 듣는 사람의 이야기 이해도를 높이는 지름길이다.

12. 토론은 세상과 소통하기 위한 대화법이다

'만일 ~라면'이라는 질문을 하자. 사교적인 자리나 약간 침체된 분위기 속에서 대화를 시작하는 데 빠져서는 안 되는 좋은 방법이다. "만일 북한이 UN의 핵 사찰을 앞으로도 거부한다면, 또 다른 한국전쟁이 일어날까요?", "베리 스위처가 댈러스 카우보이 신임 코치가 되었습니다. 만일 2년 연속으로 나쁜 성적이 나온다면, 제리 존스는 그를 해고할까요?" 토론은 가장 민주적인 의사소통 방식이다. 일상에서 권위를 앞세워서 일방적 형태로의 대화가 이루어지는 경우가 있다. 부모와 자식, 상사와 부하, 친구 사이에서도 볼 수 있다.

토론은 혼자 하는 일방적인 의사소통이 아니다. 특정 주제를 놓고, 서로 다른 입장에서 자기의 주장을 내세우는 것이다. 상대방의 주장에 대해서 반박하는 상호 간의 소통이다. 토론이 갖고 있는 스포츠맨십, 엄격한 규칙, 토론 매너와 수사 등은 성숙한 의사결정을 내리게 한다. 사회가 복잡해질수록 사람들은 다양한 이슈에 대해서 남과 토론하고 싶어 한다. 토론이라고 하면 정치·사회 문제 등의 어렵고 무거운 주제만 생각한다. "저녁에는 뭐 먹지?" "휴가는 어디로 가지?" 등의 사소한 주제로 의견을 나누는 것도 토론이다. 토론은 서로 다른 의견 또는 생각을 제시하고 이해하면서 결론을 끌어 나가는 과정이다.

이런 작은 토론이 하나의 문화로서 정착하면 크고 복잡한 이슈 토론도 잘 풀릴 수 있다. 그렇지만 실생활에서는 토론에 적극적이지가 않다는 점이 문제이다. 직장에서 상사는 "오늘 점심 뭐 먹을까?"라고 묻는다. 부하직원들이 "아무거나"라고 답하는 게 일상적이다. 어차피 상사 취향대로 결정할 것으로 생각하기 때문이다. 유럽에서도 이러한 서열문화는 건강한 토론을 막는다. 토론의 아버지 '그리스 철학자 소크라테스 대화법'에는 이런 말이 나온다. 토론할 때마다 자기의 무지를 인정해야 평등하고 다양한 토론이 이루어진다. 그로써 남을 통해서 지식과 지혜를 얻을 수 있다. 현대사회에서는 이와 반대개념인 '답정너(답은 정해져 있고 넌 대답만 하면 돼)'식의 대화법을 자주 쓴다.

토론을 통해서 새로운 답을 찾아야 한다. 답이 이미 정해져 있으면 건설적인 토론도, 참석자들이 배울 것이 없게 마련이다. 사람들이 토론을 기피하려는 이유에서 한국과 유럽은 차이가 있다. 유럽에서는 친한 사람들과 토론할 때 솔직한 발언이 이어진다. 반면에 한국에서는 친한 사이일수록 토론을 피하는 경향이 많다. 친한 사람과 말다툼하거나 자신의 의견을 대놓고 이야기하는 것을 민망하게 여기기 때문이다. 익명으로 소셜네트워크서비스(SNS) 토론은 열리기도 쉽고 결과가 건설적인 경우가 많다. 남의 이목에 신경 쓸 필요가 없고 자기 의견을 제대로 잘 표현하기 때문이다.

잘 모르는 사이일수록 서로 처지를 바꿔서 생각하는 '역지사지(易地思

之)'도 쉬워진다. 토론이란 싸우는 것이 아니다. 어떠한 주제에 대해서 여러 사람이 각각 의견을 펼치고 자유롭게 제시한다. 서로 성장을 위해서 대화하는 것이 토론이다. 가까운 사람끼리 또는 부모, 자식 간에 의견이 다른 건 싸움의 시발점이 아니다. 함께 성장할 기회라고 생각해야 한다. 사회가 복잡해지고 그로 인하여 의견도 다양해지고 있다. 사회적인 지위와 상관없이 누구나 자신의 의견으로 참여하는 토론 문화를 만드는 것은 중요하다. "당신이 꿈에 그리던 집을 캘리포니아 쪽에 지었는데 과학자들이 지진대라고 발표했다. 만약, 당신은 이사 가시겠습니까?" '만일 ~라면'이라는 질문은 끝이 없다. 사람들이 뉴스를 보면서 마음 안에 담고 있는 것은 뭐든지 질문의 소재가 될 수 있다. 도덕적이며 철학적인 질문들은 논쟁하길 좋아하는 사람들에게 효과적이다. 가장 좋은 질문은 세대, 교육, 사회적 부분을 뛰어넘어 모든 사람이 관심을 보이는 것이다.

A는 디너파티에 가면 자주 하는 질문이 있다. 당신은 친한 친구하고 둘이 섬에 있다. 그는 암에 걸려서 죽어가고 있다. 임종이 가까워지자, 친구가 "은행에 10만 달러를 저축해 두었네. 내가 죽으면 그 돈으로 내 아들은 의대에 보내주게."라는 유언을 남겼다. 친구의 아들은 의대에 갈 생각은 조금도 없고 그 돈을 단 몇 달 만에 낭비해 버릴 플레이보이다. 당신 아들은 대학에 입학해서 의사가 되겠다는 불타는 의지를 가지고 있다. 이때 당신은 그 돈을 누구한테 주겠는가?

모두에게 이 질문을 했다. 거의 모든 사람이 서로 다른 의견들을 제시했고 나름대로 모두 타당성이 있었다.

어느 때는 이 한 가지 주제만으로 저녁 시간이 끝나버릴 때도 있다. 세상에서 가장 머리 좋은 사람들이 모인 곳이다. 남녀 지능 상위 2% 이내로 구성된 멘사 클럽에서 회원들은 이러한 질문들을 하는 것을 좋아한다. 왜냐하면 그들은 인간으로서 우리가 살아가는 동안에 도덕적인 관점에서 좋은 기회라고 생각한다. 이런 일들을 조금 더 생각해 보고 토론할 수 있기 때문이다. 그중에 다음 2가지 실례가 있다. 지금 네 명의 광부가 광산 속에 갇혀 있다. 그들은 하나뿐인 탈출구를 통해서 지상으로 탈출을 시도하고 있다. 그들은 탈출구 상단부에 몰려 있다. 맨 위 있는 사람이 구멍을 빠져나가다가 뚱뚱해서 몸이 반 정도 그 탈출 구멍 속에 걸리고 말았다.

밑에 있는 세 사람은 공기가 희박해서 점차 숨이 막혀온다. 이 순간에 어떻게 해야 할까? 몸이 뚱뚱한 사람을 죽여서 끌어내려야 될까? 아니면, 자신들이 그 아래에서 질식해 죽을지도 모르는데, 계속 빠져나가는 걸 도와주어야 할까? 과연 누가 살아야 하는가? 그 한 사람일까, 나머지 세 사람일까? 투명인간이 되는 능력을 받는다면 일반적인 도덕 기준에 따라야 하는 걸까? 만약 투명인간이 된다면 엄청난 힘을 얻게 될 것이다. 세계를 지배할 수도 있다. 만일 당신이 그러한 능력을 받는다면, 당신은 그 힘으로 무엇을 하겠는가?

많은 사람이 십계명은 물론 일반적 도덕규범까지 따르겠다고 말했다. 그렇지만 전부는 아니었다. 한 남자는 자신의 투명 능력을 이용해서 비즈니스 협상 테이블에 앉았다. 자기에게 엄청난 부를 안겨줄 주식에 투자하겠다고 했다. 어떤 회원은 경마장 기수들 틈을 어슬렁거렸다. 될 수 있는 대로 많은 정보를 얻은 다음에 경마에 돈뭉치를 걸겠다고 했다. 또 다른 사람들도 그와 거의 비슷한 계획을 꾸밀 것이라고 동의했다. 이런 예를 통해서 당신은 '만일 ~라면'이라는 철학적 질문이 무엇인지 이해했을 것이다. 그렇다면 이제부터 당신 혼자서 해보라. 남이 이미 해 놓은 리스트를 참조하겠다는 생각은 버려라.

대화가 올바른 방향대로 흘러간다면, '만일 ~라면'이라는 질문들은 잊는 것이 좋다. 왜 그러한 질문이 필요하겠는가? 그렇지만 대화가 삐걱거리고 그 자리가 많이 어색해질 때는 이와 같은 질문을 이용해 보라. 분위기가 살아날 것이다. 그렇더라도 이런 질문들이 대화의 분위기를 반전시키지는 못할 때도 있다. 물론 좋은 질문을 했을 때는 그러한 일이 일어나지 않는다. 만일 거기 모인 사람들이 이제 막 수도원에서 벗어났다고 생각해 보자. 당신이 말하고자 하는 주제를 한 번이라도 들어본 적이 없다. 그중에 어떤 일이 참석한 사람 가운데 실제 일어나 가볍게 취급할 수 없는 상황이다.

(그 사람 아버지가 실제로 광산에 갇혔다고 가정해 보라. 대화할 때 이런 불운은 가끔 일어난다) 그렇다고 성급해하지 마라. 이런 가상 물음이 대화를 살리지 못하는 경우에는 그 주제를 고수할 필요는 없다. 이때 최선의 방책은 완전히 다른 가상 질문을 하거나 주제를 바꾸는 것이다. 그것도 안 되면, 포기하는 방법도 괜찮다. 다른 자리로 옮겨서 다른 대화를 시도해서 분위기를 바꾸는 것이 좋다.

인간은 한평생 말하며 살아간다. 대화를 통해 자기의 생각을 전달한다. 원하는 목적 달성을 위해서 개인, 집단 사회 간에 대화를 통해서 원만하게 문제를 해결한다. 토론은 이러한 대화를 위한 훈련법이다. 특정한 문제를 놓고 옹호하거나 비판해 보며 자기 생각을 정리한다. 상대의 의견에 논리적, 감성적으로 반박을 하는 과정에서 설득 능력을 길러준다. 토론은 세상과 소통하는 일종의 대화법인 셈이다.

[소소한 말투 포인트]

'만일 ~라면'이라는 질문을 하자. 토론은 가장 민주적인 의사소통 방식이며, 서로 다른 의견 또는 생각을 제시하고 이해하면서 결론을 이끌어 나가는 과정이다.

13. 침묵하면 더 많은 명망과 영향력을 얻을 수 있다

"침묵은 놀랄 만한 힘을 발휘한다. 누군가 정해진 것을 순순히 따르게 만들 수가 있기 때문이다. 어떻게 이런 영향을 끼칠 수 있는지 여전히 미스터리이다."

– 하버드대학 사회심리학자 브랜던 오언

미국 예술가 앤디 워홀은 친구에게 이렇게 말했다. "내가 입을 다무는 법을 배우고 나서 더 많은 명망과 영향력을 얻었다네." 침묵은 금이다. 뛰어난 말하기 능력을 가진 사람들은 대부분 아무 말이나 하지 않는다. 그들은 자기의 말하기 능력이 중요한 곳에서 쓰여야 한다는 것을 잘 알고 있기 때문이다. 많은 사람이 말하기 능력에 대해서 오해하고 있는 게 있다. 끊임없이 말하는 것만이 영향력을 발휘하지는 않는다. 언제 침묵해야 하는지를 아는 것은 생각지 못했던 승리에 도달하는 효과를 가져다준다.

한 유명 기계 제조회사에서 관리자 회의가 열리고 있었다. 회의의 주제는 직원훈련에 대한 것이었다. 회의가 시작될 때 부사장이 자기의 의견을 밝혔다.

부사장: "우리 회사 내에 직원 양성기관은 특별한 작용을 발휘하지는 못했습니다. 현재 신입사원 입사 전 교육은 하고 있습니다. 그렇지만 입사하고 나서 재직 연수에 관련된 교육이 없는 것이나 마찬가지입니다. 직원들

이 업무에 대해서 시스템적인 심도 있는 연수를 원하더라도 가르칠 사람이 없습니다. 직원들이 연수받을 수 있는 훈련기관을 세우는 것은 당장의 급선무라고 생각합니다. 여러분은 이 의견에 동의하시는지 모르겠네요."

사장: "부사장님께서 말씀하신 문제가 확실히 존재합니다. 직원훈련 전문기관을 만들기엔 회사에 이미 OJT(On the Job Training)가 있습니다. 저는 이 프로그램이 긍정적 효과를 내고 있다고 알고 있습니다. 그렇기 때문에 이 점은 걱정하실 필요가…."

부사장: "사장님께서 말씀하신 대로 저희 회사에 이미 OJT가 있습니다. 실질적인 작용을 하고 있나요? 사실상 직원들이 그 프로그램을 통해서 어떤 가치 있는 지도를 받을 수는 없습니다. 그저 오래된 직원들에게 철 지난 내용을 배울 뿐이죠. 이런 교육이 어떻게 직원들 업무 수준을 향상시킬 수 있겠습니까? OJT의 효과는 불분명합니다. 그래서 저는…."

사장: "부사장님, 꼭 제 말에 반대하셔야 하겠습니까? 좋습니다. 그럼 잠시만 이 화제에 관한 대화를 멈추겠습니다. 회의가 끝난 이후 다시 사람을 보내 조사하라고 하죠"

한 달 뒤, 관리자급 회의에서는 다시 직원훈련에 대한 화제를 다루게 되었다. 이번엔 사장이 먼저 말을 꺼냈다.

사장: "먼저, 부사장께는 죄송하다는 말씀을 드리고 싶습니다. 저번 회의 때 제가 오해를 했던 것 같습니다. 부사장께서 말씀하신 문제가 정확히 존재하고 있었습니다. 샘플 조사를 통해서 회사 내 OJT에 실제로 문제가 있는 것을 알게 되었습니다. 오늘 우리의 회의는 어떻게 현재 직원훈련 방

법을 바꿀지에 대해서 토의해 보려고 합니다. 여러분께서 많은 의견을 제시해 주시기를 바랍니다."

사장이 말을 마치자마자 사람들이 너도나도 의견을 내기 시작했다. 놀라운 것은 이번에는 부사장이 시종일관 아무런 말도 하지 않았다는 점이다. 회의가 끝난 후 사장은 부사장을 불러서 물었다.

사장: "오늘 무슨 일 있나요? 왜 한마디도 없는 거죠? 이 의견은 지난번에 부사장께서 제시한 거잖아요."

부사장: "그렇죠. 저번 회의에서 제가 할 말은 모두 다 했습니다. 사실 그때는 이 문제에 대해 사장님의 관심을 끌기 위해 그랬습니다. 지금은 이미 이 문제에 관심 가지셨으니, 제가 더 보탤 말은 없습니다. 다른 사람들이 어떻게 생각하는지는 들어보시는 게 좋을 것 같습니다."

사장: "그런가요? 좋습니다." 사장은 웃으며 말했다. "이전에 제가 부사장님 의견에 반대했을 때 어떠한 변명도 하지 않았습니다. 오늘 사람들이 낸 의견은 별 내용 없었고 실제로 가동하는 의미도 없었죠. 오히려 부사장님의 침묵은 문제의 심각성을 느끼게 하네요. 이렇게 하시죠! 이 일은 지금부터 부사장께서 맡아서 처리하세요. 오늘부터 우리 회사 직원훈련 업무 책임자는 당신입니다. 파이팅하세요!"

침묵의 중요한 의미는 상대의 주의를 끌 수 있다는 점이다. 상대가 호기심이 생기고 당신이 원하는 생각을 자세하게 듣고 이해해 설득 목표에 다다르게 된다. 사회심리학을 연구해 온 브랜던은 실제 생활 속에서 침묵은 강한 설득력을 가지고 있다고 증명했다. 침묵을 설득 방법으로 활용할 때 꼭 들어맞는 상황 속에서 사용해야 한다는 것이다.

1) 상대방 의도를 잘 알지 못할 때는 말하지 마라

많은 사람이 자기의 말하기 능력을 뽐내려면 많이 말해야 한다고 생각한다. 어떤 사람들은 심지어 말은 폭포수 같아야 대화의 주도권을 잡을 수가 있다고 한다. 상황을 잘 모르거나 상대가 왜 그 말을 하는지 확실한 이유가 없다면 침묵이 좋은 피드백이다. 이때의 침묵이란 "모든 화는 입에서 나온다."라는 말의 공포에서 벗어날 수 있게 만들어 준다. 상대방이 당신의 보수적 태도를 인지하게 만든다. 자신이 제대로 말하지 않았거나 상황이 명확하지 않아서 당신이 침묵하는 것을 알게 된다. 이 경우, 상대방은 제대로 설명하거나 현명하게 다른 화제를 골라 대화할 것이다.

2) 말하지 않아도 알 수 있는 경우는 침묵을 유지하라

때로는 상대방의 행동이 못마땅하거나 불만스럽지만, 묵인하는 경우가 있다. 이 역시도 침묵을 유지하는 방식이다. 한 학생이 수업 시간마다 칠판에 글씨 쓰고 있는 선생님 모습을 우스꽝스럽게 그렸다. 이 사실을 알고 선생님은 화를 내지 않고 지긋이 웃어주었다. 이후 그 학생은 수업 시간에 다른 짓을 하지 않았다. 선생님이 학생의 행동을 보자마자 만약 큰 소리로 질책했다면 어떤 결과를 낳았을까? 저지하는 행동으로 반항심만 거세게 불러일으켰을지도 모른다. 오히려 선생님의 침묵이 상대의 행동을 강력하게 지지했음을 알 수 있다.

3) 특별한 화제에 관해서 대화할 때 침묵을 유지하라

모든 화제가 참여할 만한 가치가 있는 건 아니다. 대화의 화제에 따라서 당신은 침묵 유지를 선택할 수가 있다.

(1) 타인이 당신에 대해서 이야기할 때

특정한 환경 속에서 침묵은 이론제시보다 훨씬 강한 설득력이 있다. 특히 다른 사람이 당신에 대해서 이야기할 때 그렇다. 우리는 대부분 다른 사람이 자신에 대한 이야기를 하면, 불리한 상황인 경우 말을 끊고 논쟁한다. 이는 가장 현명하지 못한 방법이다. 대신 침묵을 선택해 보라. 당신을 반대하는 사람들을 설득할 수도 있고 성공적인 방향으로 발전시킬 수 있다. 침묵의 힘은 무궁무진하다.

(2) 사람들이 스캔들에 대해 이야기할 때

사람들은 남의 스캔들에 대해서 이야기하는 것을 좋아한다. 인간의 본성 중에 어두운 단면이 작용하는 것이다. 스캔들은 사람들을 흥분되게 한다. 스캔들의 주인공과 비교해 당신 삶이 우월해지는 것 같은 느낌들을 받는다. 당신이 들은 스캔들이 당신 친구와 관련이 있다면 입을 다무는 것이 좋다. 이때 스캔들을 잘 듣다가 보면 친구를 더 이해할 수 있을지도 모른다. "그렇다니까, 그 사람 정말 부끄러운 줄 모르더라!"라고 말하기보단 침묵을 유지하라. 절대로 당신이 아는 사람을 폄하하며 얻게 되는 소소한 행복을 추구해서는 안 된다. 그렇지 않으면 더 큰 불행을 만날 수도 있을 것이다.

다른 사람이 비밀에 대한 이야기를 할 때 자신이 특수한 상황 속에 놓여 있을 수 있다. 어떤 권리가 있거나 유용한 정보를 잘 아는 사람이 이것저것 털어놓기 시작하면 잘 들어라. 이를 소화 시켜서 나중에 필요할 때를 대비해라. 필요한 것은 감격의 웃음으로 반응하는 것이다. 후일에 침묵이 왜 금인지 제대로 알게 될 것이다.

4) 아직 때가 되지 않았으면 침묵을 유지하라

서로 다른 상황과 환경에서는 동일한 단어를 사용해도 받아들일 때 차이를 나타낸다. 이해와 느낌이 다르기 때문에 받아들이는 정도에 차이가 있다. 어떤 말은 특정한 환경에서 말하는 것이 유익을 가져오지만 어떠한 말은 부적합할 수도 있다. 즉, 같은 말이라고 할지라도 '이쪽에서 말하는 것' '저쪽에서 말하는 것'의 효과는 다를 수 있다. 무슨 말을 하고 어떻게 말을 할지는 환경에 따라서 고려해야 한다. 환경이 적합하지 않으면, 때가 아직 이르지 않은 것이다. 침묵을 유지해야 한다.

(1) 애정 생활에 대해 질문을 받았을 때

"요즘에 어떤 사람을 만나고 있나요?", "어젯밤에는 어땠나요?"와 같은 질문을 받을 수 있다. 당신의 애정 생활을 정탐하는 질문을 건넨다면 당신은 약간 신비감을 유지하는 것이 좋다. 자기의 연애사에서 승리를 거둔 얘기를 자랑하는 것은 당신에게 큰 만족감을 준다. 그 대상은 당신이 절대적으로 신뢰를 하는 사람이어야 한다

(2) 다른 사람이 명백히 잘못된 말을 하고 난 후

다른 사람의 잘못에 대해서 거리낌 없이 말하는 건 미덕이 아니다. 특히 공개적인 장소에서는 안 된다. 다른 사람의 어리석음을 증명하는 것은 당신의 지혜로움을 증명하는 것이 아니다. 오히려 당신의 가혹함만 증명할 뿐이다. 어떤 사람이 당신에게 어리석은 공격을 하는 상황을 사람들이 주목하게 된다면 반격하지 마라. 이 경우 침묵을 유지하면서 웃어 보이면 당신이 더 강력하게 보이고 상대방은 어리석어 보인다.

(3) 당신이 전문가인 경우

진정한 전문가는 지식을 일부러 드러내지 않는다. 교묘하게 토론에 삽입한다. 이를 들은 사람들이 "이 분야의 전문가시군요"라며 당신을 추켜세울 것이다. 이럴 때 당신은 이때다 하면서 온갖 지식을 쏟아내면 안 된다. 절대로 이를 스스로 증명할 필요는 없다. 가장 좋은 방법은 고맙다는 말 한마디이다. 이해한 것을 간결하고 겸손하게 정리해주며 주위의 격려를 기대하고 있음을 드러내면 된다.

(4) 갈등이 심화될 때

살다 보면 어려움을 만나게 된다. 어떤 사람은 기분이 좋지 않으면 실망하게 만든 일에 대해서 이야기를 해야 직성이 풀린다. 이때 당신은 특별한 반응을 해줄 필요는 없다. 오히려 침묵을 유지해야 한다. 상대의 감정이 가라앉고 나서 적절한 때에 그 일이나, 아예 다른 화제로 돌려 말하는 것이 좋다. 우리는 침묵과 심혈을 기울인 말은 거대한 표현력을 가지고 있다는 것을 알아야 한다. 이는 음악 속 음표와 쉼표가 동일하게 중요한 것과 같은 것이다. 어떤 때에는 침묵이 아름다운 화합과 강력한 대화 효과를 불러일으킨다. 당신이 더 적절하게 침묵을 활용할 수가 있다면 무성이 유성을 이기는 효과를 얻을 것이다.

[소소한 말투 포인트]

언제 침묵해야 되는지를 아는 것은 생각지 못했던 승리에 도달하는 효과를 가져다준다. 뛰어난 말하기 능력을 가진 사람들은 대체로 아무 말이나 하지 않는다.

14. '내' 의견을 말할 때는 '모두'를 끌어들여라

사회성의 법칙

"모두들 그렇다고 말했어."

"그런 식으로 말하면 모두에게 미움 받지."

"이번 주에 새로 시작하는 드라마 봤어?"

"아직 못 봤어."

"꼭 봐. 모두 첫 회부터 재밌다고 난리더라."

"정말? 그럼 한번 나도 봐야겠다."

우리는 사람들이 추천을 하거나 칭찬하는 것은 깊게 생각해 보지도 않고 좋다고 믿는다. '모든 사람이 그렇게 한다.'라고 말하면 특별한 근거가 없더라도 사람들 마음은 움직인다. '모두가 그 일에 동의를 한다.'라고 하면 자기만 반대하기가 힘들다. 여성이라면 누구나 아름다워지기 위해서 열심히 노력한다. 남성은 알 수 없는 여러 노력들을 기울인다. 왜 여성은 아름다워지기 위해 그렇게 열심히 노력할까?

그 이유는 '모든 여성이 그러고 있어서이기 때문'이다. 여성들은 모두 '여자는 아름다워야 한다.'라고 믿는다. 다른 여성들도 아름다워지기 위해서 노력한다는 것을 알고 있다. 그러므로 자신도 노력을 한다. 꼭 해야 할 것 같은 기분이 드는 것이다.

상대를 움직일 수 있는 첫 번째 기술은 '사회적 규범'이다. 모든 사람이 반드시 따라야 하는 사회적 규칙을 제안해 어필을 하는 방법이다. 이러한 기술을 사용하면 상대방이 대부분 내 말을 들어준다.

텍사스 대학교 세나 가벤(S. Garven)이 어떤 주제에 대해 '당신은 어떻게 생각하나요?'라고 물었다. 그러자 단지 10퍼센트만이 동의를 했다. 질문을 '모두 그렇다고 하는데, 당신은 어떻게 생각하나요?'라고 했다. 그러자 동의하는 사람 비율이 약 50퍼센트까지 높아지는 것을 실험적으로 확인했다. '모두가 그렇게 생각한다.'라고 할 때 사람들은 그 말을 거스르지를 못한다. 친구나 지인들이 내 말을 듣게 하고 싶을 때에는 사회적 규범에 호소하자. 그럼 상대가 순순히 따를 확률이 한층 더 올라갈 것이다.

옷차림에 잘 신경을 쓰지 않고 아무렇게 다니는 친구가 있다고 생각해 보자. 그 친구한테 "단정하게 입는 게 어때?"라고 친절히 말해 줬다. 아마도 그는 쓸데없는 참견이라고 느끼면서 말을 안 들을 것이다. 자칫하면 그 친구와의 관계가 어색해질 수 있다. 대신,

"면도를 안 하고 다니면 '모든 사람들'에게 미움을 살 거야."

"옷이 지저분하면 '회사 사람 모두'가 싫어할 걸?"

이런 식으로 '모두'라는 말을 넣어 호소하면 어떨까? 분명히 친구는 옷차림에 주의를 하게 될 것이다. '모두'를 기준으로 제시하는 법은 매우 편리한 심리 기술이다. 자기의 의견으로만 설득하려고 하면 상대에게 억지로 강요하는 듯한 인상을 줄 수가 있다. 친구에게 '너는 옷차림을 단정하게

해야 해'라고 조언하는 것은 선의를 베푸는 친절한 행동이다. 그렇지만 상대는 조금 다르게 받아들여서, 자신에게 의견을 강요한다고 느낄 가능성이 크다. 되도록이면 자신의 의견이라는 말 대신에 '모두'를 기준으로 제시를 하면 좋다. 정말 '모두' 그런 식으로 생각을 하는지는 알 수 없다. '모두가 그렇게 말한다.'라고 하는 것이 편리한 방법이라고 할 수 있다.

현대 사회심리학 창시자의 한 사람 무자퍼 셰리프(Muzafer Sherif)가 있다. 어두운 방 안에서 작은 불빛을 이용해 자동운동 실험을 했다. 사람들이 지배적인 의견을 따라가는 사실을 발견했는데 동조라고 한다. 즉, 동조(conformity)란 동화시키는 경향을 말한다. 압력이 있는 사회규범이나 의견 등의 의견이나 신념, 개인의 태도, 행동 등을 동화시킨다. 다시 말하면 어떤 특정 장소, 집단, 사회의 지배적 가치와 규범에 순응하는 행동 양식을 말한다. 한편 이 실험에서 발견한 하나의 사실이 있다. 정답이 없고 모호한 상황에서 집단의 의견을 하나의 정보로 활용하여 의사결정을 한다는 것이다.

이러한 설명에 대해서 게슈탈트(Gestalt) 심리학자인 솔로몬 애쉬(Solomon Asch)는 생각했다. 셰리프 실험에서 동조 효과가 발생한 것이 집단압력 때문이 아니다. 실험 자극이 갖고 있는 모호성 때문이라고 말이다. 따라서 애쉬는 정답이 분명한 상황에서 이와 같은 동조 현상은 발생하지 않을 것이라고 보았다. 정확한 정답이 존재하는 자극을 통해 동조 효과를 확인하고자 한 것이 애쉬 동조 실험이다.

이 실험에서 애쉬는 먼저, 그림에서 보는 것같이 하나의 선이 그려진 카

드를 보여주었다. 길이가 다른 선분 3개가 그려진 다른 카드를 실험 참가
자들에게 보여주었다.

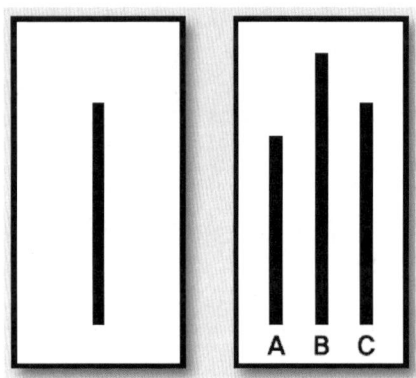

두 번째 보여준 카드에 그려진 선 3개 중에 하나는 처음에 보여준 카드
에 그려진 선과 길이가 같다. (그림에서 C 선분) 애쉬는 참가자들에게 두
번째에 보여준 카드에서 선택하도록 했다.

처음에 보여준 카드하고 같은 길이를 가진 선을 선택하도록 했다. 7명
중에 1명을 제외한 6명을 실험 도우미로 하여 사전에 고의적으로 오답을
말하게 했다. 6명의 실험 도우미들은 차례로 오답을 말하도록 했다. 진짜
실험 대상자는 맨 마지막에 답을 말하도록 했다. 실험해본 결과 진짜 실
험 대상자의 75%가 다른 6명 오답에 동조하여 오답을 선택했다는 것이다.
소신껏 정답을 답한 사람은 25%에 불과했다.

즉 4명 중 3명은 자기의 견해를 고집하지 않고 지배적 의견에 동조했다.
4명 중에 1명만 소신을 굽히지 않는다는 것이다. 후에 오답을 선택한 사람

들에게 왜 그러한 선택을 했느냐고 물었다. 다른 사람들에게 동조했다는 인식보다 자기의 판단이 잘못됐거나 시력에 문제가 있었다고 말했다. 실제로 처음에는 맞는 답을 골랐었다. 다른 사람들이 모두 다른 답을 말하자 자기가 틀렸다고 생각하고 그들에게 동조한 것이다.

밴드웨건 효과는 홈쇼핑에서 매진이나 매진 임박이라는 문구가 뜰 때가 있다. 실제 많은 소비자들은 "매진이 될 정도로 인기 있는 상품은 분명 좋을 거야. 왠지 나에게도 좋을 것 같아"라는 생각을 하면서 구매한다고 한다. 밴드웨건 효과는 자기가 좋아하지 않거나, 그에 대해 정확한 정보를 잘 모를 때 나타난다. 많은 이들의 이목이 집중되었을 때 자기도 모르게 따라 하는 현상이다. 이성적인 판단과 소비를 해칠 수 있다. 현대사회에서 SNS를 통해서 가짜 뉴스를 퍼뜨리는 일이 많다. 특정인에 대해 마녀사냥을 하거나 특정 기업을 망가뜨리는 건 엄청난 독이다. IMF사태 때 금 모으기 운동이나 월드컵시즌 거리응원, 태안 해변에 기름 제거 자원봉사가 있다.

이와 같이 긍정적인 면이 많다. 문제는 리더와 리더십이다. 리더의 위치에 있는 사람이 군중에게 합리적인 방향 제시를 한다. 올바른 행동을 하도록 유도하면 군중심리는 개인이 해낼 수 없는 큰일들을 해낸다. 슈퍼 시너지 효과를 거둘 수가 있는 것이다. 네트워크마케팅 사업 또한 마찬가지다. 수천, 수만 명의 스폰서, 파트너들로 이뤄진 휴먼네트워크가 있다. 리더십질에 따라 긍정적 군중심리가 나타난다. 개인으로서는 상상할 수가 없는 성과들을 거둘 수 있다. 그렇지만 부정적인 군중심리가 작동하면 개인과 사회에 큰 물의를 일으킬 수도 있다.

여론조사에도 자주 나타난다. 선거기간 동안 자기 의사를 결정하지 못한 유권자들은 여론조사에서 우세한 후보를 선택하게 된다. 그러한 결과 우세 후보 지지도는 더 올라가게 되는 것이다. 정치인들은 대부분 밴드웨건 효과를 믿는다. 선거철 선거 후보 캠프는 실제 여론조사에 나타난 지지도보다 더 높은 지지를 얻는다고 홍보한다. 지지도 통계를 높이기 위해서 여러 방법을 동원하기도 한다고 한다.

대부분의 상대방이 내 말을 들어 주기를 원할 때가 있다. 이 경우 모든 사람이 반드시 따라야 되는 사회적 규칙을 제안해 어필하자. 텍사스 대학교 세나 가벤(S. Garven)이 어떤 주제에 대해서 '당신은 어떻게 생각하나요?'라며 물었다. 그러자 단지 10퍼센트만이 동의를 했다. 질문을 '모두 그렇다고 하는데, 당신은 어떻게 생각하나요?'라고 했다. 그러자 동의하는 사람 비율이 약 50퍼센트까지 높아지는 것을 실험적으로 확인했다. 즉, '모두가 그렇게 생각한다.'라고 할 때 사람은 그 말을 거스르지 못한다. '모든 사람이 그렇게 한다.'라고 말하면 특별한 근거가 없어도 사람들 마음이 움직인다. '모두가 그 일에 동의를 한다.'라고 하면 자기만 반대하기가 힘들다.

[소소한 말투 포인트]

'모두 그렇다고 하는데, 당신은 어떻게 생각하나요?' 그러자 동의하는 사람 비율이 약 50퍼센트까지 높아졌다. 친구나 지인들이 내 말을 듣게 하고 싶을 때에는 사회적 규범에 호소하자.

15. 내면을 가꾸어야 하는 이유

  세상에서 가장 아름다운 사람은 누구인지 결정하는 대회는 없다. 아름다움은 보고, 읽고, 듣는 것이 아닌, 태도에서 나온다. 우리가 평소에 생각하는 것과 다르게, 진정한 아름다움이란 내면에 있다. 외적인 아름다움이 과대평가되고 있다. 우리는 정말로 중요한 것이 무엇인지 잊은 채 미를 추구하기 위해 많은 시간을 낭비한다. 가장 중요한 건 내면의 아름다움이다. 이 세상에는 수많은 아름다움이 있다. 인간은 대부분 예술, 사물, 존재 모든 표현방식에서 아름다움을 찾고 있다. 우린 그것을 인식하는 능력을 갖추었으며, 존경하는 열정도 가지고 있다.

  그렇지만 사람에 관해서 이야기한다면, 그러한 개념에는 흠이 있다. 각각의 사람들이 자기의 몸매 너머에 아름다움이 있는 것을 잊고 있다. 겉모습 같은 사소한 것을 넘어서 그 이상이다. 제일 아름다운 사람은 용감하다. 그것은 두려움이 없다는 걸 의미하지는 않는다. 도망치는 걸 멈추고 두려움 앞에 맞서서, 그것을 극복할 수 있다는 의미이다. 용기는 자신에게 귀를 기울여 존중하면서 생겨나고, 우리가 되고 싶은 것에 가까워지게 해준다. 다음은 용감한 사람이 누릴 수 있는 혜택이다.

가. 용감한 사람들은 자기의 감정에 귀를 기울이고 인정한다

그들은 자기가 느끼는 것에서 멀어지기는커녕, 자기를 잘 이해하기 위해서 자기 감정을 이용한다. 긍정적 감정과 부정적 감정들을 받아들이고, 어떠한 기분인지는 본인이 판단하지 않는다. 일관성이 있고 균형 잡힌 방식으로써 행동하게 된다. 용감한 사람은 자기의 행동을 책임진다. 자기연민을 느끼지 않으며 비난할 만한 누군가를 찾지 않는다. 자기가 개선할 수 있는 일들을 성취하기 위한 것에 집중한다. 뭔가 잘못되었다고 느끼거나 부당한 실패를 겪고 있다고 느낄 때, 받아들이는 태도가 중요하다. 용감한 사람들은 그것을 회복하기 위해, 새로운 선택이나 대안을 위해서 모든 노력을 한다. 모든 사람들이 잘못할 수는 있지만, 모든 사람들이 인내하기는 힘들다.

실패와 오류와 잘못을 어떤 방식으로 마주할 것인가? 용감한 이들은 변화를 정면으로써 마주한다. 변화는 삶의 일부이다. 변화에 저항하는 것은 조류에 맞서 싸우는 걸 의미한다. 용감한 사람은 주변에서 일어나는 변화를 성장할 수 있는 발판의 기회로 바꾼다. 변화가 두려워서 그것을 피할 수 있다. 그렇지만 우리가 느끼는 것들에서 멀어지면 흐름은 멈추게 된다. 용감한 사람들은 모든 사람을 기쁘게 할 수가 없다는 걸 알고 있다. 모든 사람들과 자기를 함께 기쁘게 할 수가 있는 사람은 아무도 없다. 우리가 사랑하는 사람 의견에 신경을 쓰는 것은 당연하다. 만약 우리가 생각하고 느끼는 것들보다 이 의견들을 우선시할 수도 있다.

우리 자신을 뒤쪽으로 밀쳐 내버리게 된다. 자기에게 충성하는 건 중요하다. 그렇다고 다른 사람들을 다치게 하라는 의미가 아니다. 자신이 다치지 않도록 하는 것이다.

나. 용감한 사람들은 결정을 내린다

때론 흐름에 따라서 이끌려가게 내버려 두는 것이 더 쉬울 때도 있다. 그것이 우리가 원하는 곳의 가까이에 데려다주지 않을 때도 있지만 말이다. 용감한 사람들은 결정을 내린다. 그것은 우릴 두렵게 만드는 경향도 있다. 이는 지극히 정상이다. 하나의 길을 선택하는 건 다른 길은 버린다는 의미이다. 자신을 단련하며 점차 앞으로 나아가도록 하는 결정이 필요하다. 당신은 어떠한가? 당신이 내려야 될 중요한 결정 앞에서 망설이고 있는가?

다. 가장 아름다운 사람들은 자연스럽다

가끔 중요한 결정을 해야 할 때가 있다. 온전히 자신이 되려면 사람들의 기대와 비교 요구에서 벗어나야 한다. 우리는 감미료와 첨가제, 방부제 없이 사는 법을 배워야 된다. 우리는 우리 자신이 되어야 한다. 사람들과의 상황에서 자기를 분리하는 의미가 아닌, 자기에게 가까워져야 한다는 걸 의미한다. 그 이상도 그 이하도 아니다.

"꽃잎을 뜯어도, 꽃의 아름다움이 사라지진 않아."

-라빈드라나드 타고르

이런 일들이 생기면, 우리 내면의 눈은 일어나는 일들에 종종 저항하기도 한다. 장기적으로 본다면 조화로운 풍경이다. 이 과정 동안 자기에게 소홀했다는 걸 깨닫는다. 정신을 차리고, 몸을 일으켜서 자신을 안아보고 마땅히 사랑받아야 하듯이 자신을 돌보기도 한다.

진정한 아름다움이란 내면에 있다

시간이 지남에 따라서, 자기가 가지고 있는 내면의 아름다움에 더 민감해질 것이다. 아름다움은 단순한 화장품으로 얻을 수 없다. 수년에 걸쳐서 사라지지 않는다는 것도 우린 알고 있다. 아름다움은 약간의 생각과 자연스러운 흐름으로 이루어져 있다. 외모, 의견, 판단을 잊으라는 의미다. 그 앞에 서서 자기의 이야기 주인공이 되는 법을 찾으라는 의미다. 용감해지며 자기의 말에 귀를 기울이면 된다. 그러면 늘 곁에 있는 사람에게 있어서 이 세상에서 제일 아름다운 사람은 바로 당신이 된다!

말투의 기술을 배우기에 앞서서 내뱉는 말을 결정짓는 본질을 다듬어야 한다. 정신분석의 창시자 지그문트 프로이트Sigmund Freud의 말이다. 사람들 말실수는 억압된 무의식이 의식에 개입이 되어 나타나는 것이라고 주장했다. 평소에 저지르는 말실수는 마음속에 억압되어 있었던 생각이 무의식중 드러나는 현상이다. 프로이트는 '억눌려져야 될 생각이 입 밖으로 표출되면서 난처한 지경에 이르는 것'이라고 했다. 이를 '프로이트식 말실수'라고 부른다. 그는 인간의 마음을 빙산에 비유하였다. '의식'이란 수면 위로 보이는 빙산의 일각일 뿐이다. 수면 아래에는 훨씬 큰 '무의식'이 자리를 잡고 있다고 표현하였다.

결국 사람들과 원활한 소통을 원하면, 먼저 나 자신과 소통이 되어야 한다. 흔들리지 않는 대화를 위해서 자기의 내면을 먼저 들여다볼 줄 알아야 한다. 우리가 말투 기술만을 배우면, 짧은 시간 안에 커다란 변화를 가져다줄 것이다. 그렇지만 그건 그 사람 진짜 말투가 아니다. 마음속 불평불만이 가득한 사람이 긍정어만 달달 외운다고 그의 말이 바뀌지는 않는다. 상황을 긍정적으로 보지를 못하니 긍정어가 나오지 않는다. 겉으로는 그럴듯하게 보이지만 시간이 지나면서 나오는 맞지 않는 말투 기술을 구사했을 뿐이다. 본인에게 체화되지 않았음을 느끼게 된다. 우리는 내면을 들여다보고, 느끼는 감정과 바라보는 관점, 가치관에 많은 관심을 기울여야 한다.

그 사람을 만나면 말에 향기가 있고, 만나고 돌아서면 끌리는 인품에 여운이 남는다고 한다. 이러한 말들은 상대방에 대한 평가이다. 그 사람 외양에 대해 호감이라기보다는 내면적인 요인이 작용을 했다는 것이다. 내면의 아름다움은 '기품氣品'이 있다는 것이다. 기품이란 몸의 언어이다. 근엄한 얼굴과 가공한 얼굴, 거만한 자세가 기품이 있는 몸은 아니다. 기품이 있다는 것은 내공이 높다는 것이다. 내공을 높이기 위해서는 교양이 있어야 한다. 생각과 행동에 늘 자신을 낮추고 깊이 있는 마음이 있어야 한다.

아름다운 기품에 대한 명언 5가지

아름다움을 모르는 여자는 인생의 절반밖에 모른다. - 몽타란 부인

미모는 눈을 매료시키지만, 상냥한 태도는 영혼을 매료시킨다. - 볼테르

미는 내부의 생명으로부터 나오는 빛이다. - 켈러

아름다운 것! 그것은 마음의 눈으로 보이는 미(美)이다. - 주베르

아름다운 모습은 아름다운 얼굴보다 낫고 아름다운 행동은 아름다운 자태보다 낫다. - 에머슨

[소소한 말투 포인트]

가장 중요한 것은 내면의 아름다움이다. 가장 아름다운 사람들은 용감하다. 용기가 있는 것은 두려움이 없는 걸 의미하지는 않는다. 도망치는 걸 멈추고 두려움 앞에 맞서서, 그것을 극복할 수 있다는 의미이다.

16. 자기 자랑 말투는 열등감에서 나온다

입만 열면 자기 자랑거리를 늘어놓는 사람들이 있다. 그들은 자신은 물론, 자식, 집안, 지인 등으로 자랑 범위가 확대된다. 상대방의 상황이 어떻든 상관하지 않고, 입에 침이 마르도록 떠들어댄다. "내가 과거에는 대단한 사람이었어."라거나 "그때 우리 집이 엄청난 부자였는데…"라며 말이다. 현재와는 아무 소용없는 자랑거리들을 늘어놓는다. 이런 말들은 자기 열등감을 숨기기 위해서 하는 말이다. 현재 자기를 '별 볼 일 없는 존재'로 인식하고 있다는 것을 은연중 드러내 보이는 것이다. 이들은 자존감이 낮고, 자격지심에 사로잡혀 있다. 자신의 장점을 내세워 상대방이 자신의 결점을 보지 못하도록 숨기려는 심리다.

꺼내지 않아도 될 말을 해서 상대방의 열등감을 자극시켜 미움 받을 수 있는 미련한 언행이다. 대화의 맥락과 어울리지 않는 말이라면, 그 말은 입 밖으로 꺼내서는 안 된다. 사실 본인도 말을 하면서 자기가 하고 있는 말이 대화의 맥락과 맞지 않다는 것을 알고 있다. 그러면서도 자랑할 만한 대화거리가 나오면 대화의 흐름과는 상관없이 자기 자랑을 늘어놓는다. 자랑을 통해 남에게 자신의 잘난 점을 알게 한다. 마치 상대방이 나를 '대단한 사람'이라고 여길 것이라는 착각에 빠진다. 그러나 타인은 자신의 열등감을 감추려는 모습이 눈에 보여 '참 안쓰럽다'라고 생각할 것이다. 잘난 사람들은 굳이 잘난 척하지 않는다.

자기가 잘났다는 것을 모든 사람들이 이미 알고 있어서 아쉬울 것이 없는 사람이다. 따라서 남들에게 본인이 '잘난 사람'으로 기억되고 싶다면 이렇게 해야 한다. 자기 자랑을 떠벌리고 다니기보다 행동으로 이를 증명하는 것이 가장 바람직한 방법이다.

"열등감은 스스로 인정하지 않는 한 절대로 생기지 않는다."
— 앨리너 루스벨트

최근에 몇 년간 인터넷에서 가장 크게 유행했던 단어 중의 하나로 '열폭'을 들 수 있다. '열등감 폭발'이라는 뜻의 신조어 '열폭'이 있다. 화를 내지 않아도 될 만한 상황에서 갑자기 터지게 되는 비논리적인 분노 등을 비하할 때 쓰인다. 다르게 생각하면 인간이라면 누구나 말 못 할 열등감 하나씩은 갖고 있기 마련이라는 뜻이다. 미국 정신의학자인 제롬 프랭크가 딸 줄리아와 정신질환자의 공통적 특징에 대해 연구하였다. 조금 과격하지만 재미있는 결론을 내린 바 있다. "모든 정신장애는 기가 죽어 생기는 병이다. 기를 살리는 것은 모든 치료 방법의 공통적 요인"이다. 기가 죽어서 생기는 병이 열등감이다.

모든 정신적 장애의 근본 속에 있는 것이 열등감이라고 할 만큼 열등감은 매우 위험한 증상이다. 열등감을 특수한 사람에게 생기는 문제적 성향으로 이해하면 안 된다. 열등감은 성장 과정 속에서 타인과 나를 비교하면서부터 자연스럽게 만들어진다. 열등감은 자기 내면의 콤플렉스와 관련되어 있다. 콤플렉스는 성장 과정에서 누구나 하나둘씩 생기기 마련이기 때문이다. 대부분 사람들은 저마다 열등감을 품고 있다. 정도에 따른 차이가 있을 뿐이다. 누구는 이를 성공의 동력으로 삼는 반면, 열등감에 지배당한 사람은 평생 열등감의 노예가 된다.

다음 내용은 전자를 예로 든 것이다.

아인슈타인은 학창 시절에 수학 과목을 못하는 열등생이었다. 에디슨은 학교에서 쫓겨났고, 엘비스 프레슬리는 오디션에서 트럭운전이나 하라는 말을 들었다. 한국의 대중 음악계를 완전히 바꿔 놓은 평을 듣는 서태지도 그렇다. 첫 오디션에서 혹평을 들으며 속울음을 삼켰다. 이들은 자신에 대한 믿음으로써 열등감을 극복하고, 성공을 향해 내달려 끝내는 그것을 쟁취했다. 열등감이란 마음을 좀먹는 곰팡이와 같다. 방치를 할 경우 자존감에 상처 입힌다. 자신감을 위축시켜서 결국엔 자신을 아무것도 아닌 존재로 만들어버린다. 열등감 극복에 있어서 가장 현명한 비결은 있는 그대로의 자신을 받아들이는 것이다. 남과 지나친 비교는 하지 않도록 한다.

열등감을 종식시키는 방법 세 가지가 있다.

지금 잘하고 있다는 '자기 격려', 이만큼도 잘했다는 '자기 칭찬'이 방법이다. 못나고 약한 자신을 잘 토닥이는 '자기애'도 필요하다.

가) 열등감 극복하는 5가지 실천법

열등감을 발생시키는 콤플렉스를 정면으로 바라보라.

열등감을 부정하거나 무작정 이기려고 하지 말자. 내 안에 열등감 원인을 찾아 먼저 마주해 보자. 나를 상처 입힌 말들과 생각이 정당하고 옳았는지 객관적인 눈으로 바라보자. 혹시 당신이 오래전 고쳐낸 단점들과 존재하지 않는 것에 계속 매여 있는 것은 아닐까? 그렇게 거대하게 보이는 열등감의 핵은 의외로 작고 사소하며, 당신은 생각하는 것보다 강하다. 그 열등감은 당신이 충분히 이겨낼 수 있는 것이다.

분명하게 목표를 세우며 전진하라. 성공한 내 모습을 그리며….

과거나 현재 상처가 열등감을 만들었다면, 충실한 현재 삶과 성공적 미래로써 이겨낼 수 있다. 진짜로 원하는 것이 뭔지를 고민하고 분명한 목표를 정하여 충실히 노력하자. 노력은 자부심을 만들어낸다. 스스로의 삶에 자신감과 자부심이 생긴다면, 열등감이 끼어들 자리는 없어진다.

나의 긍정적인 부분을 찾아서 칭찬하라.

열등감으로 인해 자신이 작고 하찮게 보일 때는 이렇게 해보자. 거울 앞에서 매일 나와 내 주변에 장점을 찾아서 하나씩 칭찬해 보자. 작고 사소하더라도 좋고 타인이 알아주지 않는 부분이라도 좋다. 지나가는 할머니를 도와주었거나 길 가는 고양이들에게 먹이를 준 것이 있다. 도로 위에 떨어진 쓰레기를 줍거나 누군가의 휴대폰을 찾아준 사소한 작은 선행이 있다. 모양 좋은 코, 남보다 예쁜 발가락, 얼마 전에 쇼핑몰에서 예쁜 머그컵을 찾아낸 센스가 있다. 장점을 칭찬하고 생각하다 보면 스스로를 바라보는 시선은 어느새 긍정적으로 변해 있을 것이다.

'완벽한 나'보다는 '있는 그대로의 나'를 추구하라.

열등감 반발 작용으로 인해서 완벽해지려고 노력을 하는 경우가 많다. 어쩌다가 완벽이라는 고지에 도달했어도 열등감이 심한 사람은 자기를 높이 평가하지 않는다. 대신에 '운이 좋았어.'라는 식으로 자기의 노력을 깎아내리곤 한다. '완벽한 나' 목표는 허상(虛像)이다. 존재하지 않는 허깨비를 좇아서 끝없는 달리기를 해야 되는 것이다. 이 달리기를 하는 동안 스스로에게 만족감을 느낄 수 없다. 타인에게 좋은 평가를 받더라도 부족하게 느껴진다. 완벽한 나에게 다가가려고 하는 노력보다는 있는 그대로의 나를 받아들이기 위해서 노력하자. 훨씬 삶이 만족스러워질 것이다.

주변에 베풀고 봉사하라.

봉사하며 선행을 베풀었을 때 느끼는 행복감은 만족스러운 쇼핑을 할 때의 행복감을 웃돈다. 베푸는 삶은 자기의 삶을 더 가치 있게 만드는 행위이다. 자신이 타인에게 도움 되는 존재라는 것을 인식시켜서 자존감을 높여 줄 수가 있다. 당신의 힘으로 타인을 돕고 당신 스스로를 자랑스럽게 느껴보도록 하자.

기본적으로 사람에 대해서 존중이 우리에게는 필요하다. 그것이 되지 않으면 나 역시도 다른 사람에게 존중받기는 어려울 것이다. 항상 내가 힘이 있을 것이라고 생각하겠지만 모든 것은 영원하지가 않다.

언젠가는 그 옷을 벗고 본래의 자신을 만나게 될 것이다. 본래 상태의 자신을 받아들일 수 있는 사람은 많이 가졌다 할지라도 과시하지 않을 것이다. 베풀어주고 함께하려고 마음을 가질 것이다. 그런 사람을 성인이라고 하며 진정 성공한 사람이라며 칭송할 것이다.

좋은 차도 중요하지만 내가 사람으로서 우선 좋은 사람이 되어야 한다. 수많은 지식이 있더라도 그것을 받아들일 수 있는 지혜가 필요하다. 좋은 명예라는 것도 그것을 입을 수 있는 마음 상태가 더욱 중요하다. 권력은 누리는 것이 아니고 약자를 위한 희생이자 봉사라고 생각한다. 잘난 체를 하는 것이 타인에게 대단해 보이는 것 같아도 오히려 초라해질 뿐이다. 잠시는 부러워하며 대단하다고 볼 수 있겠지만 그것은 내가 쓴 가면일 뿐이다. 어떤 사람은 가면 없이도 당당하게 멋지게 살아간다. 어떤 사람은 가면이 없으면 안 된다고 그것에 집착하고 자랑하고 살아간다.

[소소한 말투 포인트]

자기 자랑거리를 늘어놓는 것은 굳이 꺼내지 않아도 될 말을 해서 상대방의 열등감을 자극시켜 미움 받을 수 있는 미련한 언행이다. 행동으로 증명하는 것이 가장 바람직하다.

제3장

사람의 마음을 움직이게 하는 대화법

17. 겸손한 말을 하면 모든 사람들의 지지를 받는다

우리는 왜 공손하고 겸손해야 할까?

사람이란 자기를 자랑하고자 하는 욕구가 강하다. 남들이 자기를 자랑하면 그것을 아니꼽게 생각하는 것이 인지상정이다. 나의 탁월한 면은 타인에게 상대적으로 박탈감을 느끼게 한다. 자신의 잘난 부분을 드러내면서 자랑하면 상대방은 기분이 상하기 마련이다. 그렇지만 대부분의 사람들은 상대방이 겸손하면 오히려 호감을 갖는다. 자신을 낮추고 상대방을 높여서 존중하기 때문이다. 우리는 겸손한 말에 귀를 기울이는 법이다.

고대 이집트의 제사장 프타호텝은 세상 물정을 모르는 자식에게 조언한 글이 있다. 그 핵심 요지는 하나다. '자나 깨나 겸손하며 조심스럽게 아부하라!'라는 것이다. 이것이 당시에 권력 서열 두 번째의 자리에 있던 제사장인 아버지가 아들에게 남긴 내용이다. 겸손은 인생에서 발생할 수 있는 여러 가지 변화에 대처하는 유일하고 진정한 지혜이다. 성공적인 삶을 위한 열쇠라는 것을 일깨우기 위함일 것이다. 겸손은 자기의 부족함을 알고 자기보다 뛰어난 자들이 있음을 겸허히 받아들이는 자세를 말한다.

몽골의 민담 중에 개구리와 기러기들이 나오는 이야기가 있다. 작은 호수에 살고 있던 개구리가 큰 가뭄이 오자 물 많은 큰 호수로 이사를 갈 방법을 궁리했다. 때마침 호수 옆을 지나가던 기러기 두 마리를 보며 좋은 아이디어가 떠올라 이렇게 말했다.

"나를 큰 호수로 옮겨다 주세요. 제가 가운데에서 막대기를 물고 있을게요. 양쪽에서 막대기를 물고 날아가면 됩니다."

기러기들은 흔쾌히 개구리 부탁을 들어주었다. 막대기를 물고 날아가는데, 지나가던 행인이 이 광경을 보며 감탄하였다.

"와! 누가 저런 아이디어를 냈지? 정말로 똑똑하구나."

이 말을 듣고 개구리는 자랑을 하고 싶어서 견딜 수가 없었다. 결국엔 말을 하고 말았다.

"저예요, 저! 바로 저의 아이디어예요!"

결국, 막대기에서 입을 뗀 순간에 개구리는 땅으로 떨어져 죽고 말았다. 자랑이 지나치면 스스로 화를 자초하게 되는 것이다. 자신이 얼마나 대단한 사람인지 말을 하더라도 상대방에게는 그저 쓸데없는 말에 불과하다. 자신의 유능함은 말로써 증명할 수 없다. 저절로 드러나야지 그 능력은 빛을 발휘한다. 자랑하면 할수록 사람들은 '자랑하는 자체가 자기의 무식을 드러낸다.'라고 생각한다. 인간관계는 더욱 멀어지게 된다. 자기의 능력을 타인에게 오랫동안 인정받으며, 마음속 깊이 새기고 싶다면 다음을 명심해야 한다. 자기의 앎을 과시하지 않고, 늘 겸손함으로 대해야 한다. 교만한 사람은 인생에서 언젠가 큰 낭패를 본다.

겸손한 사람은 모든 이들의 지지를 얻는다. 노자는 겸손에 대하여 이렇게 말을 남겼다. "내게는 세 가지의 귀중한 자산이 있다. 첫째는 상냥함이요, 둘째는 검소함이다. 셋째는 타인 앞에서 나를 내세우지 않는 겸손함이다." 겸손함을 갖춘 사람은 남을 존중하고 자신을 내세우지 않는 태도를 보인다. 벼는 익을수록 고개를 숙인다. 이삭이 익을 무렵이 되면 이삭의 무게를 견디지 못하고 벼는 고개를 숙인다. 배움도 비슷하다. 배움이 깊은 사람들은 겸손하며, 자기의 지식을 내세우려고 하지 않는다. 오히려 상대방의 말 속에서 배울 점을 찾고, 자신을 수양한다. 배움이 얕은 사람은 자기의 얄팍한 지식을 하나라도 더 과시하려고 한다. 박학다식한 척하며 어디든 나서려고 한다.

유대인의 정신적 지주 역할을 했던 《탈무드》에서는 이러한 표현이 나온다. "남이 자기를 칭찬해도 자기의 입으로는 자기를 칭찬하지 마라." 스스로 칭찬하는 말을 피하라는 의미다. 사람들과 대화하는 동안에, 자기를 내세우는 데에만 집중해서는 안 된다. 내가 한마디 했으면 상대방의 말은 열 마디를 들어준다는 생각으로 자기의 말을 아껴야 한다. 누군가가 물어보지도 않았는데, 은근히 자기의 지식을 드러내며 자기 자랑을 하는 사람들이 있다. 기회를 엿보다가 교묘히 자기 자랑으로 화제를 이끌어간다. 그런 사람들의 말을 들어보면, 지금 이야기하고 있던 맥락과는 전혀 다르게 흘러가고 있다. 그와 함께 대화하고 있었던 사람들은 그 내용이 궁금하지도 않다.

흥미롭지 않은 이야기를 듣고 있으니 대화가 괴롭게 느껴진다. 영국의 정치가이며 문필가 필립 체스터필드는 '어떤 대화에서도 자기 자랑은 금물'이라고 했다. 훌륭한 사람도 자기의 유능함을 자랑하다 보면, 자만심과 허영심에 빠지게 된다고 한다. 상대에게 불쾌감을 주어 자신의 능력을 인정받지 못한다고 강조하였다.

그는 사람들과 대화하면서 피해야 될 두 가지를 제시하였다.

1. 대화의 흐름과 상관없이 자기 자랑하는 것
2. 자신이 남에게 비난받는다고 말하면서 교묘히 자기 자랑을 늘어놓는 것

자신의 내면을 스스로 성찰하며, 경영할 줄 아는 사람은 사람들의 존경을 받는다. 항상 내면에 겸손함을 갖추며 세상을 바라보아야 한다. 그렇게 한다면, 마음이 평화로 가득하게 된다. 입에서는 꿀처럼 달콤한 말이 자연스럽게 나오게 된다. 반대로 자만과 허영심이 가득하게 되면 미움, 질투, 욕심이 자리 잡아 입으로 독을 내뿜게 된다.

홈런을 쏘아 올린 야구 선수 이승엽 선수에 대한 일화가 있다. 많은 선수들은 홈런을 치게 되면 기쁨에 겨워 양팔을 치켜세워 환호를 하면서 그라운드를 달린다. 그는 홈런을 친 절정의 순간에서도 세리머니나 기쁜 표정 없이 고개를 푹 숙이고 뛴다. 상대 선수, 투수가 기죽을까 봐 미안한 마음이 드는 것 때문이라고 한다. 상대팀 어린 후배와 선수까지 생각하는 세심한 배려인 것이다. 최고의 실력과 겸손이라는 인성까지 겸비한 존경받는 국민타자가 된 이유이다. 만약 최고의 실력은 갖추었으나 겸손한 매너가 없다면 그의 실력까지도 깎아 먹었을 것이다. 실력에 겸손까지 더해진 사람은 존경받고 훌륭한 인간으로 회자된다. 사람들의 기억에 오랫동안 각인되게 마련이다.

어느 한 회사에서 생산하는 제품이 대박이 났다. 그러자 많은 곳에서 구매요청이 끊이지 않아 사장님까지 작업복을 입고서 밤낮없이 일했다. 그래도 도저히 물량을 맞출 수 없었다. 결국, 함께 제품을 생산할 협력업체를 찾아야 했다. 바빴던 사장은 작업복도 갈아입지 않고 협력업체들을 찾아다녔다. 처음에 방문한 협력업체는 정문도 통과하지 못했다. 지저분한 작업복 차림의 사람으로 생각하고 들여보내 주지도 않는 것이다. 두 번째 찾아간 협력업체는 건물 안까지는 들어갈 수 있었다. 그렇지만 사장의 옷차림을 보고 직원은 담당자가 자리를 비웠다고 말했고 다음에 다시 오라고 했다.

세 번째 찾아간 업체의 경비원은 담당 직원도 친절히 웃는 얼굴로 사장을 맞이했다. 업체의 사장님도 매우 검소했고, 친절하며 진지한 태도로 협력 요청사항들을 살폈다. 결국 세 번째 업체하고 업무협약을 체결했다. 예상보다 더 많이 제품들을 수출할 수 있었고, 두 회사는 더욱 발전하게 되었다. 값진 보석은 흙탕물 속에 빠져 있더라도 그 가치를 잃지 않는다. 그렇지만 흙탕물 속에 빠진 보석을 건지기 위해서는 고개를 숙여야 한다. 더러운 물에 손을 담글 수 있어야 한다. 겉모습만으로는 그 가치를 몰라볼 수 있다. 겸손한 마음으로 내면을 살필 줄 알아야 가치를 알아볼 수 있는 법이다.

상대의 마음을 끌어당기는 사람이 되기 위해서는 마음에 겸손, 감사, 사랑 등을 쌓아 두어야 한다. 충분한 시간을 가지며 내면에 집중하고 스스로를 변화할 수 있도록 노력해야 한다. 겸손하게 허리를 숙이는 것이 자신을 존귀하게 만드는 행동이다. 겸손한 마음과 행동은 스스로를 낮추지만 그 사람을 돋보이게 만드는 힘이 있다. 결국 공손한 행동이란 육체의 양심이다. 겸손한 마음이란 은혜를 받는 그릇임을 되새겨서 오만하지 말고 겸손할 일이다.

[소소한 말투 포인트]

항상 내면에 겸손함을 갖추고 세상을 바라보자. 그렇게 한다면, 마음이 평화로 가득하게 된다. 입에서는 꿀처럼 달콤한 말이 자연스럽게 나오게 된다.

18. '사람을 움직이는' 것이 아니고 '사람이 움직이게' 하라

그 사람의 말은 왜 깊은 울림이 있을까?
말할 때는 여러 가지의 '느낌'을 받을 수가 있는데 예를 들면 다음과 같다.

-말을 잘한다. 말을 못한다.
-설명이 이해하기 쉽다. 이해하기 어렵다.
-납득이 간다. 납득할 수 없다.
-공감이 된다. 공감이 되지 않는다.

말에 대해서 이렇게 여러 가지의 평가 기준이 있다. 말솜씨가 유창한 것은 듣는 사람의 마음을 흔드는 여러 요인 중 하나일 뿐이라는 걸 알 수 있다. 유려한 말솜씨와 말의 무게를 함께 갖추는 것이 이상적이라는 사실은 변함없다. 말수가 적으며 서툴러도 말 한마디가 신중하며 무게가 있어 마음이 움직이는 일도 있다. 능숙한 말솜씨가 공감을 불러일으키는 유일한 요인이 아니라는 사실은 명백하다. 중요한 것은 말의 무게라는 척도다. 표현하는 방법으로서는 여러 가지가 있다. '중요한 내용을 말하기 전 한 박자 쉰다'거나 '여유로운 어조로 말하거나 주장하고자 하는 내용을 반복해 말한다.'라는 식의 기술이 존재한다.

이런 기술은 말하는 방법의 문제일 뿐이고 말하는 내용에 영향을 미치지는 않는다. 그렇다면 말에 무게를 싣는 큰 요인은 무엇일까? 첫 번째는 말하는 사람의 경험에서 우러나온 진심, 두 번째는 전하려고 하는 절실함이다. 진정성과 절실함이 있으면 아무리 평범한 말도 의도가 충분히 전달된다. 상대방의 마음을 끌어당기고, 마음이 말에 무게를 싣기 때문이다. 그 사람만의 경험과 체험을 통해서 길러진 사고는 자신의 원천이 된다. 오직 그 원천에서 솟아나는 말 속에 담겨진 진정성과 명확성이 사람의 마음을 움직인다.

반면에 내뱉는 말이 겉만 번지르르하거나 다른 곳에서 들은 말을 주워섬길 뿐이라고 해보자. 말이 아무리 유창하더라도 말에 가벼움과 얄팍함이 배어 나온다. 말솜씨가 있는지 없는지, 말에 무게감이 있는지 없는지를 기준으로 해야 한다. 그다음에 이어질 내용과 의사전달 유형을 분류할 수가 있다. 이 유형에 따라서 나는 지금 어느 위치에 있는지, 어느 위치를 목표로 할 것인지를 생각해 보자. 타인을 움직이려고 하지 마라. 그들 스스로 움직이게 하라. TV 광고 속에서 홍보하는 제품을 보면 구매자들의 마음을 사로잡으려고 노력한다. 제품을 사고 싶고 소유하고 싶도록 유혹을 하는 목적으로 메시지를 만든다. 늘 '사람을 움직일 수 있는' 광고를 제작하는 것이 요구된다.

더 정확히 표현하면 사람이 움직이고 싶게 만들어야 한다. 스스로 움직이고 싶게끔 분위기를 조성하는 것이다. '사람을 움직인다.'라는 말과 '사람이 움직인다.'는 조금 비슷하게 느껴진다. 하지만 그 의미는 전혀 다르다. '사람을 움직인다.'라는 말은 어떠한 의도대로 사람을 행동하게 만든다는 강제적, 수동적인 의미가 강하다. 한편 '사람이 움직인다.'는 자신의 의지에 의해서 자주적, 능동적으로 행동한다는 뜻이다.

《어린 왕자》의 작가 앙투안 드 생텍쥐페리Antoine de Saint-Exupry는 다음과 같이 말했다. '사람을 움직이는' 것, '사람이 움직이는' 것, 이 둘의 차이를 설명한 것이다. "배를 만들고 싶을 때 사람들을 숲으로 불러 모아 일감을 나눠주고 명령을 할 필요는 없다. 대신에 넓고 끝이 없는 바다에 대한 동경심을 키워 줘라." 제품의 강점을 소리 높여서 외치고 듣기 좋게 알려 주면 제품의 매력을 전달할 수는 있다. 그렇지만 실제로 제품을 사게 만드는 것은 어렵다. 고객 스스로 '갖고 싶다'거나 '자기 생활에 필요하다'라고 생각하지 않으면 구매하지 않기 때문이다.

이는 비단 광고에만 해당되는 이야기가 아니다. 가족이나 연인을 설득하거나 동료들을 격려할 때도 마찬가지다. 말에서 중요한 건 사람을 움직이는 힘이 아니다. 사람이 스스로 움직이고 싶도록 만드는 힘이다. 주체성을 끌어내지 못하고 상대방에게 무언가를 강요하는 일도 많다. 자신의 의도대로 움직이게 하는 것은 순전히 자신에게만 득이 되는 일이다. 상대방에게는 성가시기 짝이 없는 일이다. 게다가 상대방을 내 식대로 움직이려고 하면 할수록 상대방은 마음을 굳게 닫는 경향이 있다. 그럼에도 더 강력한 힘을 가해서 상대방을 움직이려 하면 안 좋은 결과를 맞이할 수 있다.

《이솝 우화》 속 《해와 바람》 이야기를 생각해 보면 이해하기가 쉬울 것이다. 해와 바람이 지나가는 나그네를 상대로 내기했다. 누가 나그네의 외투를 벗게 하는지를. 결국에 이긴 것은 강한 바람이 아니라 따뜻한 해였다. 바람이 더 강하게 불수록 나그네는 외투를 오히려 더 여몄다. 악순환에서 빠져나오는 방법은 하나이다. 사람을 움직이는 것은 애초에 불가능하다. 움직이고 싶은 기분이나 분위기를 만드는 방법밖에 없다고 여기는 것이다. 인간은 제각각 자신의 감정을 안고 살아간다. 내가 그렇듯 상대방도 마음이 안 움직이면 행동을 바꾸지는 않는다. 그러므로 겉치레가 아닌 그 사람의 형편을 제대로 이해한 후 말을 건네는 것이 중요하다.

이런 한마디를 건네받고 나서야 비로소 사람들은 정보에 가치를 느끼고 흥미를 보인다. 그러한 당신의 말 한마디는 상대방의 마음을 움직이는 시초가 된다. 대부분의 사람들은 자신에게 관심을 쏟는다. 자기를 알아주는 간단한 말과 행동, 사소한 아부들에 마음을 쉽게 내어준다. 결과적으로 진정으로 관심을 가지고 표현하며 상대에게 한 발짝 다가가는 것이 필요한 것이다. 생텍쥐페리가 말했듯이 자신이 하고 싶은 일이나 시키고 싶은 것을 명령하지 말자. 상대의 마음을 설레고 두근거리게 만들어야 한다.

사람의 마음을 움직이는 말이 있다. 사람들은 서로에게 신뢰를 느낄 때만 의사소통하며, 그때에만 서로의 말에 움직인다. 똑같은 말을 하더라도 사람의 마음을 움직이는 말이 있고, 사람의 마음을 닫게 하는 말이 있다. 감동을 주는 말이 있으며, 냉랭하게 만드는 말이 있다. 그러므로 우리말에 '아 다르고 어 다르다'라는 말도 있고, 말 한마디로 천 냥 빚 갚는다는 말이 있는 것이다. 마음을 움직이는 말은 말하기 전 준비되는 것이 있다. 바로 신뢰이다. 말이 사람의 마음을 움직이려면 신뢰가 필요하다. 신뢰는 의심의 구름을 걷게 한다. 그래서 말에 귀를 기울이게 한다. 신뢰가 있다면 말을 들을 준비가 되어 있으며, 기대감이 넘치는 것이다. 그러면 어눌한 말이라고 할지라도 마음을 움직이게 한다.

그렇기에 신뢰감을 주는 것은 무엇보다 중요하다. 신뢰는 단숨에 생기는 것은 아니다. 그가 말한 대로 살아왔는지를 보기 때문이다. 그 모습이 신뢰를 준다면 그 말을 들을 준비가 된 것이다. 신뢰가 말을 들을 수 있는 준비라고 하면 마음을 움직이는 말에는 일관성이 있어야 한다. 처음부터 끝까지 자기가 하려고 하는 말에 일관성이 있을 때야 비로소 사람 마음을 움직일 수 있다. 일관성이 무너지면 말을 들으려고 하는 마음이 닫힌다. 일관성은 그 사람이 가진 지식의 모든 것이라고 할 수가 있다. 아는 것만큼 일관성은 비례하기 때문이다. 그래서 조금만 깊게 시간을 가지면 모두 들통난다. 보통 보이스 피싱을 하는 사기꾼한테 당하는 이유는 말이 일관성 있어 보이기 때문이다.

잠시 동안은 매우 치밀하며 일관성이 있어 보일지라도 장시간 이야기하면 본모습이 드러난다. 일관성은 사람의 마음을 움직이게 한다. 사람 마음을 움직이게 하는 것은 정확성이다. 말하고자 하는 것에 대해서 정확하게 말할 때에 사람의 마음은 움직이게 돼 있다. 말의 정확성에 의심 가는 순간에 더 이상은 사람 마음을 움직이지 못하게 된다. 하고자 하는 말을 정확히 알고 있어야 한다. 그러면 사람의 마음을 움직일 수가 있다. 여기에 정직함이 함께할 때 그 힘이 더욱 커지게 된다. 정직함은 한 번에 해결되는 것이 아니다. 외적인 것으로는 확인할 수 없다. 듣는 이가 사람의 말에 대해 정직함을 느끼면 그때 마음이 움직이게 된다. 그리고 열정이 있어야 한다.

'들어도 그만 안 들어도 그만'이 아니고 진지하게 최선을 다해 집중해서 전하는 열정이 있어야 한다. 열정은 말하는 이의 태도에서 나온다. 정말로 하고자 하는 말이 당신에게 필요하다. 확신과 간절함이 묻어 있을 때 사람 마음이 움직이게 된다. 열정이 없는 냉소주의적 태도로는 마음을 움직일 수 없다. 사람 마음을 움직이는 말은 큰 소리가 아니다. 냉철하고 진중하게 말해야 한다. 상황에 따라 큰 소리와 작은 소리가 작용돼야 한다. 대중들 앞에서 작은 소리는 의미가 없다. 단 둘의 대화에서 큰 소리는 관계를 방해한다. 항상 열정적이고 큰 소리가 마음을 움직이는 것이 아니다. 때로는 냉철하며 진중한 태도가 듣는 이에게 신뢰를 주며 마음을 열게 한다.

무엇보다 사람의 마음을 움직이는 말은 사랑을 담은 진심 어린 말이다. 사랑이 없는 말은 공허하다. 진심으로 사랑하고 있다는 것을 상대가 알 때 마음은 열리게 되어 있다. 사랑이 없는 말은 사무적 용어로 말하는 순간 수명을 다한다. 사랑이 없는 것은 아무것도 아닌 게 된다. 사랑하는 마음으로 상대의 눈을 직시하고, 진지하게 열정을 다해서 전할 때 마음은 움직이게 된다. 지금 나의 말은 어떤지를 한번 생각해 보자.

[소소한 말투 포인트]

그 사람만의 경험과 체험을 통해서 길러진 사고는 자신의 원천이 된다. 자기 자신의 진정성 있는 말과 명확성으로 사람의 마음을 움직여보자!

19. 진심이 사람을 움직인다

'움직이고 싶어지다'와 '전해지다'의 사이에는 어떠한 차이가 나는 것일까?

두 말의 차이는 뜻을 공유하고 있는지, 아닌지다. 뜻을 공유하려면 먼저 자기가 확신을 할 수 있는 뜻이 있어야 한다. 그 뜻을 전하고 전달받는 것이 아니고 '공유'를 해야 한다. 그러한 뜻이나 의지를 지니기 위해서 자신이 하는 일에 진심으로 임해야 한다. 사람은 무언가 진지하게 임하는 사람 의견을 믿고 스스로 그를 도와주려고 한다.

반면에 말만 그럴듯하며 이기적이고 어떻게든 도와주길 바라는 것이 느껴질 때가 있다. 듣는 사람이 그의 말에서 드러나는 본심에 민감하게 반응해서 곧장 마음을 닫아 버린다. 타인에게 생각을 전하려면 진지하게 생각해 보고 스스로에게 믿음이 있어야 된다. 무언가를 도와주기를 바랄 때에는 이루고 싶은 일과 이유가 명확해야 된다. 자신의 생각에 믿음을 갖기 위해 깊이 생각을 하는 과정을 꼭 거쳐야만 한다. 이를 위해서는 내면의 말에 의식을 집중하고 자기 생각을 곰곰이 되풀이해봐야 한다. 그 후 진짜 하고 싶은 것이 무엇이고, 이루고자 하는 게 명확한지를 스스로 묻고 답해 볼 필요가 있다.

주위를 설득하는 말하기 기술은 세상에 많다. 이런 기술은 의사소통을 원활히 하는 도구에 불과하다. 설득하려는 상대방 입장을 생각할 때 기술적 방법을 사용하는 것은 실례이다. 대부분 입에 발린 말로 구슬리는 것이기 때문이다. 상대방의 기분을 헤아리는 배려심이 부족한 것이다. 공유라는 점에서 볼 때도 내용 전달하기만 해서 뜻을 공유했다고 할 수는 없다. 상대방이 협력하기로 했다고 하더라도 마음이 내키지 않는 상태라면 공유라고 보기 어렵다. 상대가 나와 같은 마음으로 자기 일처럼 생각하게 되었을 때 공유는 성립된다. 그렇게 되려면 '무엇을 하는가?'와 '왜 하는가?' 등의 기본적 내용만 전달하면 안 된다.

'왜 진심으로 그렇게 생각하는지', '어떻게 하고 싶은지', 자기 가치관을 보여줄 필요성이 있다. '왜 당신과 함께하려고 하는지' 등을 밝힘으로써 더 구체적으로 보여줘야 한다. 속마음을 전부 드러내어 남김없이 전달하는 것이다. 감동적 연설과 마음을 뒤흔드는 프레젠테이션 주인공은 자기 인생을 걸고 해내겠다는 의지가 있다. 말을 갈고 닦으려면 어휘력을 늘리고 지식을 쌓는 것이 아니라 내면의 말을 인식해야 한다. 그것을 통해서 깊이 생각함으로써 자기를 아는 것으로부터 시작해야 한다. 생각하는 시간만 단순히 쌓는다고 되는 것은 아니다. 내면의 말과 똑바로 마주한 시간, 사고 양을 축적해야 진심으로 전하고자 하는 것이 생겨난다. 그에 따라 말에도 변화가 나타난다.

21세기 웅변가로서 버락 오바마 전 대통령은 오롯하며 우뚝하다. 열정의 화신으로서 국적을 막론하고 듣는 이의 마음을 뒤흔들었다. 그의 비판자들은 오바마가 미국 출생이 맞느냐고 의문을 제기했다. 그가 미국 전통에 충실한 레토릭(수사학: 정치연설이나 변론에서의 효과를 극대화하기 위한 화법)을 사용했던 최고의 연설가였다는 데에는 이견이 없다. 지역사회 조직가이며 헌법학 교수였던 이력과 미국에서만 가능한 가족 역사를 가진 흑인이었다. 진정성과 열정이 흘러넘치는 웅변가였다. '록 스타같이 전율이 흐르는 연설가'라고 하는 평이 과언이 아니다. 오바마는 2004년 일리노이주 상원의원으로 선출되면서 전국구로 등판했다.

그해에 민주당 전당대회 연설내용이다. "검은 미국이 따로 있으며, 하얀 미국이 따로 있으며, 라틴계의 미국이 따로 있지 않다. 아시안의 미국이 따로 있지 않다. 오직 미국이 있을 뿐이다."라고 말하면서 그의 이름을 각인시킨 데뷔 무대를 치렀다. 공화당 지지의 붉은 주와 민주당 지지인 파란 주로, 흑백 인종으로 미국은 분열되어 있었다. 하나의 국가로 통합을 해야 한다는 신념은 오바마가 재선 대통령으로 강조했던 핵심 메시지였다. 케네디 이후 가장 젊은 대통령이던 오바마는 변화, 혁신 기수였다. 그의 변화와 희망을 역설한 메시지는 '우린 할 수 있다(Yes, We Can)'라고 하는 대선 캠페인 슬로건이다.

민주당 후보였던 오바마는 "다른 사람이나 다른 때를 기다리고 있다면 변화가 오지 않는다. 우리가 기다려온 사람들이 바로 우리다. 우리가 바로 우리가 추구하는 변화다."라며 연설을 하면 청중들이 "예스, 위 캔"을 외쳤고 환호했다. 그 변화의 열망과 동력은 무명인 흑인 상원의원이 대통령에 당선된 제1의 비결이었다. "미국은 모든 것이 가능한 곳입니다. 건국의 아버지들이 꾸었던 꿈이 우리 시대에도 여전히 살아 있습니다. 우리의 민주주의가 가진 힘에 의문을 가진 사람이 여기에 있다면, 오늘 밤이 그 질문에 대한 답입니다."(2008년 대통령 당선 연설) 독립선언서를 인용하며 말했다. "모든 인간이 평등하게 창조됐다는 자명한 진리는 지금도 우릴 안내하는 별"이라고 했다.

이 두 번째 취임연설(2013)에서는 동성혼 법제화, 인종차별 철폐 내용 등을 말했다. 불법체류자 조건부 합법화를 골자로 한 이민법 개혁 등 평등의 범주를 확대하려는 오바마 의지를 보여준다. "미국인이 된다는 것은 우리의 생김새가 어떠며, 우리의 성씨가 무엇인지보다 더 특별한 것이다. 우리가 무슨 신을 숭배하는가보다 훨씬 더 특별한 것이다."(2014 이민법 개혁 연설) "혐오 발언에 대해 가장 강력한 무기는 억압이 아니고 더 많은 표현이다."(2012 유엔총회 연설) "당신이 누구이든, 어떻게 생겼고 어떻게 시작됐든 미국은 스스로 운명을 개척해 나갈 수가 있는 곳이다. 누구를 어떤 식으로 사랑하든, 미국은 스스로 운명을 개척해 나갈 수가 있는 곳이다."(2015년 동성혼 법제화 환영 연설)

연설을 통해서 강하게 통합된 사회로의 진보를 이끌었다. 오바마 전 대통령 명연설 중에 다수는 총기난사나 테러와 같은 국가적 비극 속에서 탄생했다. 절묘하게 들어맞는 표현, 진정성으로 국민의 감정선을 건드리는 연설을 했다. 관습적 사고에서 자유로운 자기만의 독창적 스타일을 구축했다. 직설적이긴 하지만 은근한 스타일이 청중들에게 더 다가갔다는 평가를 받았다. 청중과의 교감은 매우 뛰어났다. 때로는 눈물을 흘리면서 말을 잇지를 못하는 공백이 연설의 메시지가 되었다. 2015년 찰스턴 흑인교회에서 난 총기난사 사건이 있다. 그 장례식에서 연설 도중 '어메이징 그레이스'를 갑자기 불렀던 연설은 대표적이다. 희생자들을 위로하면서 눈을 감고 노래를 부르기 시작해 참석자들은 처음에는 웃으며 당황했다.

그렇지만 이내 교회는 하나의 목소리로 합창을 했다. 전 세계인의 마음을 울렸던 장면이다. 유머와 위트는 명연설가인 오바마에게 매력을 더해준 요소였다. 마지막 기자회견에서는 "저는 여러분과 같이 일하는 걸 즐겼습니다. 물론 그렇다고 해서 제가 여러분이 쓴 기사를 즐겼다는 뜻은 아닙니다."라고 웃음을 유발했다. 이어지는 연설은 민주주의자로서 오바마 전 대통령 신념을 나타내는 아름다운 연설이었다. "그것이 이 관계의 특징이에요. 여러분들은 아첨꾼이 아니고 회의론자여야 합니다. 여러분들은 저한테 곤란한 질문을 해야 됩니다. 칭찬을 늘어놓는 게 아니고 권력이 있는 인물에게 비판적인 잣대를 들이댈 만한 의무가 있습니다. 여러분은 바로 그 일을 해내셨습니다. 여러분이 이 건물에 있음으로 백악관은 더 잘 작동했습니다. 우리를 정직하도록 만들었습니다. 더 열심히 일하게 만들었습니다."

언론과 권력의 민주적 관계에 대해 이런 몸에 밴 인식과 태도는 한국에서는 찾아보기 힘든 일이다. 2007~2012년 오바마 연설 보좌관이었던 애덤 프랭클린은 CNN과의 인터뷰에서 말했다. "오바마는 스피치 라이터보다 훌륭한 작가이다. 링컨과 케네디 이후 백악관에서 가장 재능이 있는 작가"라고 했다. 오바마가 작고 깔끔한 글씨로 고친 연설문의 초안이 있다.

그 초안은 작성자들로부터 "놀랍도록 정확한 편집"이라고 평을 받는다. 초안의 틀은 회의를 통하여 잡고, 마음에 들지 않으면 아예 새롭게 쓰거나 구조를 완전히 바꾸기도 했다는 전직 연설보좌관들의 전언이다.

백악관 역사상 재능 있는 작가 중의 한 명이었던 오바마가 8년간의 대통령 임기를 마무리했다. 대미를 장식한 고별연설이 전 세계인의 박수갈채를 받은 건 당연한 일이다. 불후의 명연설에서 그는 재집권에 실패하여 암울한 상황임에도 변화와 희망을 역설하였다. 헌법의 가치를 설파하고, 국민 참여를 촉구했다. "늘 민주주의 과업은 어려웠습니다. 논쟁 여지가 있고, 때론 피가 흘렀습니다. 앞으로 두 걸음 나아가면, 한 걸음 물러서는 느낌을 받아야 했습니다. 미국의 오랜 세월은 전진 운동으로 정의되었습니다. 기억하십시오. 하지만 이 모든 일들이 혼자서는 절대 가능하지 않다는 것을 말입니다. 모든 것은 우리들의 참여에 있습니다.

우리 각자가 권력의 추가 어떤 방향으로 흔들리는지와 상관없이 시민으로 책임을 받아들이는 것 말입니다. 우리의 헌법은 기념비적이고 아름다운 선물입니다. 사실 그건 양피지 조각에 불과하지요. 그 자체로는 아무런 힘도 없습니다. 우리 국민이 힘을 부여하는 것입니다. 참여, 함께 만들어가는 선택, 조직하는 동맹을 통해서 말입니다." 8년간 국민들과 희로애락을 함께한 오바마 전 대통령의 고별연설은 취임 당시 명연설과 수미쌍관을 이뤘다. 청중은 처음처럼 마지막에도 열광했다. "네, 우리가 해냈습니다(Yes, We Did). 네, 우리들은 할 수 있습니다(Yes, We Can)." "신은 디테일에 있다."라는 유명한 말이 있다. 말에 관해서도 '생각은 디테일에 있다'라고 할 수가 있다. 말은 인간의 여러 행동 중의 하나이다.

모든 행동의 원천에 그 사람 나름의 생각과 동기가 존재하기 때문이다. 중요한 것은 자신의 생각과 마음을 파악하는 것이다. 그 내용을 전하는 데에는 어려운 말도, 아름다운 말도, 듣기 좋은 말도 필요하지가 않다. 사람 마음을 움직이는 건 말하는 사람의 진심과 사명감, 살면서 축적한 경험이 필요하다. 이 모든 것들이 어우러진 체온이 녹아 있는 말이다.

[소소한 말투 포인트]

상대방에게 '왜 진심으로 그렇게 생각하는지', '어떻게 하고 싶은지', 자기 가치관을 보여주자. '왜 당신과 함께하려고 하는지' 등을 밝힘으로써 구체적으로 보여주도록 하자.

20. 말투가 부드럽고 당당한 사람들은 겸손하며 지혜롭게 말한다

평소 싫은 소리 한마디 하지 못하는 사람이 있다면 자기표현을 잘하기 위해 연습이 필요하다. 꼭 싫은 소리나 자기주장을 할 필요는 없다. 평소 당연하게 여겼던 것들에 대해 고마운 마음이나 미안한 마음부터 표현을 해보는 것도 연습이 될 수 있다. 늘 아침밥 차려주는 엄마에게, "엄마~! 오늘 밥이 진짜 맛있어요."라고 말해보거나 직장에서 점심메뉴를 고를 때 아무거나 좋다는 말 대신 "어제 회식도 했는데 시원한 짬뽕은 어떠세요?"라며 내가 원하는 것을 표현하는 것도 좋다. '하루 하나씩만 표현해 보자!'라고 생각하고 재미있는 미션처럼 실행하면 자기표현의 근육이 잘 다져지게 된다. 그렇게 표현을 통한 즐거움을 알면 의사표현을 명확히 할 수 있는 용기가 조금씩 생기기 마련이다.

직설화법이 직장 생활에서 잘 통한다. 원하는 게 있으면 상대방을 배려한다고 괜히 에둘러 말하는 사람이 있다. 그러지 말고 분명하게 의사전달을 해야 한다. '내가 굳이 말 안 해도 알겠지.' 하는 것은 대단한 착각이다. 예를 들어, 사무실에 직원이 몇 명 되지 않는 회사를 살펴보자. 자기 자리에 전화벨이 울려도 전화를 안 받는 직원을 종종 발견할 수 있다. 이때 한두 번씩 전화를 대신 받아주니 결국 나중엔 회사 모든 전화를 자기 혼자 다 받게 된다. 막상 자신이 할 일은 뒷전이 될 때가 잦다. 이럴 때, '왜 저 혼자 전화를 받아야 하죠?'라는 불평불만만 하고 있지 말자. '자기 전화는 각자 받아주셨으면 합니다. 저 또한 지금 너무 바쁩니다.'라고 말해보자. 처음에는 의아해하던 직원들도 옳은 말이기에 이내 수긍하게 된다. 이런 식으로 조금씩 넘어오는 잔심부름들을 조용히 해결할 수가 있다. '물같이 행동하는 것이 필요하다. 방해물이 없으면 물이 흐른다. 둑이 있으면 머무르고 둑을 치우면 다시 물이 흐르기 시작한다. 물은 이와 같은 성질 때문에 가장 필요하며 힘이 가장 세다.' 노자의 〈도덕경〉에 나오는 말이다. 물은 높은 곳에서 떨어지더라도 깨지지 않는 부드럽지만 강한 존재다. 부드럽게 말해도 할 말을 다 하는 사람들이 있다. 이들은 거절을 두려워하지 않고 타인에게 휘둘리지도 않는다.

할 말만을 짧게 해서 손해 보는 일이 없으며, 약자에게는 어질고 강자에게 매우 강한 사람이다. 즉, 지혜로운 사람이다. 차동엽 신부는 말했다. "지혜란, 곰삭은 지식이다. 난관을 뚫는 예지를 발휘하며, 단점을 장점으로 바꾸고, 마음을 다스리게 한다. 지혜는 배움과 독서가 그 씨앗이다." 쉽지 않은 일이다. 하고 싶은 말도 이치에 안 맞으면 참아야 한다. 누구도 하고 싶어 하지 않는 말들을 당당하게 말해야 하기 때문이다. 부드럽고 당당하게 말하는 힘을 어떻게 얻을 수 있을까? 그것은 바로 고뇌로부터 비롯된다. 축복을 받은 사람들은 모두 고뇌의 관문을 통과했다. 고뇌의 크기를 원으로 본다면, 원지름은 축복 속으로 가는 문의 지름과 같다.

백승언 장로님은 이를 '원통 이론, 원만 이론'이라고 했다. 고뇌의 문이 클수록 사람의 마음으로 가는 문이 넓어져서 쉽게 사람을 이해할 수 있다. 마음을 헤아릴 수 있는 것이다. 인생을 고뇌 없이 누리며 산 사람은 고뇌의 문이 문풍지 구멍만 하다. 좀처럼 타인의 마음을 헤아리기 어렵다. 사회적 지위나 재물을 무기로 하여 이른바 '갑질'을 하는 사람들이 있다. 고뇌의 크기를 짐작해볼 수 있는 대목이다. 30년 넘는 교직 생활을 하고 은퇴한 장로님이 이렇게 강조했다. "선생은 제자들에게 삶의 윤곽, 각진 도형 정도를 안내하는 것이다. 제자 된 자는 각진 마음을 가다듬어 다른 사람이 상처받지 않도록 잘해야 한다."

그래야 마음으로 들어가는 모서리가 원만해져서 모서리에 상처받지 않는다는 것이다. 고뇌의 원통이 클수록 큰마음을 얻을 수가 있다는 것이다. 깊은 고뇌를 감당한 사람은 말투가 부드럽고 당당하다. 멘토들이 전수해준 고뇌에 관하여 몇 가지 지혜를 소개한다. 첫째, '우물론'이다. 작은 선행을 베푸는 데에도 희생이 따른다. 상처 난 마음을 어루만지며 동정하는 일은 희생을 동반한다. 집단 속에서 감당해야 되는 헌신은 고뇌를 감수해야 한다. 우물은 사람 마음과도 같다. 마을에는 깊은 우물이 있다. 지하수를 퍼 올려야 돼서 우물은 매우 깊다. 우물이 깊다는 사실을 누구나 알 수 있다.

같은 물을 마시더라도 우물을 팔 때의 속 깊은 고뇌를 경험하고서 마시는 사람이 있다. 그런 사람은 습관적으로 물을 마시는 사람과 다르다. 어떤 이는 밧줄을 이용해서 두레박으로 물을 마시며 일생을 보낸다. 그 사람은 물의 깊은 맛은 알지 못한다. 그곳에 우물이 있으니까 습관적으로 마시는 것이다. 어떤 이는 두려움을 감수하면서 직접 내려가 우물 근처까지 갔다. 그렇지만 우물 깊이에 놀라서 물을 떠 마시지 못하고 두려움 때문에 되돌아온다. 어떤 이는 끝내 두려움을 떨치며 우물까지 도달하고 한 바가지 퍼 마신다. 위험을 무릅쓰면서도 우물을 마셔본 사람만이 그 깊이를 알 수 있다.

그 알 수 없는 깊이와 두려움과 우물의 차가운 냄새, 서슬 퍼런 빛, 그것을 마신 것이다. 사람의 마음이 우물보다 훨씬 깊다. 마음을 헤아리기 위해선 우물물을 직접 마시는 일처럼 용기가 필요하다. 그때 비로소 "나는 우물물을 마셔봤다."라며 말할 수 있다. 깊은 우물이 왜 안 변하는지도 깨닫는다. 부드럽지만 당당하게 말을 할 수 있다. "우물은 깊고 물은 차갑게 살아 있다."라고… 두려움을 떨치고 우물에 당도한 사람만 할 수 있는 말이다. 둘째, '빙산론'이다. 빙산은 미끄럽고 차갑다. 예기치 않은 모습으로 우리 앞에 다가온다. 빙산의 중간에는 옹달샘도 있고 계곡도 있다. 때론 모퉁이에 약초가 자라기도 한다.

녹아내려서 무너질 위험도 있다. 큰 빙산을 넘기 위해선 목숨 잃을 각오를 해야 된다. 그래서 많은 사람들이 빙산을 돌아서 간다. 인생행로에서 한 번 돌아가면 더 큰 빙산이 가로막는다. 돌아서 가야 될 거리는 점차 더 멀어진다. 안전한 길을 택하였다고 하지만 빙산을 넘지 못한 사람은 계속 세상을 배회하게 된다. 빙산을 넘어야 사람을 만날 수가 있다. 사랑하는 사람은 늘 빙산 너머 있다. 얼음을 깨치며, 빙산을 넘고 두려움을 떨치고, 몇 번인가 미끄러진다. 무릎과 손바닥에 핏물이 흥건한 채로 계속해서 얼음산을 넘는다. 그렇게 할 때야 비로소 사랑하는 사람의 모습을 발견할 수가 있는 것이다.

빙산을 넘은 사람들은 초록의 넓은 들판을 볼 수 있다. 초록의 넓은 들판에는 그동안 수고를 고스란히 봐주는 사람들이 있다. 빙산을 넘은 사람 인생의 행로에는 아무리 큰 빙산이라도 작게만 느껴질 뿐이다. 그 사람은 두려움이 없고 용기와 열정으로 가득 차 있다. 입술은 평온하며 눈동자는 살아 있다. 그는 자기를 내세우지 않는다. 타인을 먼저 생각한다. 어느 누가 산을 넘었는지에 관심 두지 않고 거기, 사랑하는 사람이 있다는 것을 간파하고 있다. 그의 말투는 역시 부드럽고 당당하다. 목소리가 크고 대범한 듯하나 막상 행동할 때에는 슬쩍 빠지는 사람이 있다. 그런 사람은 사람들의 호감을 살 수가 없다. 주변을 둘러보자.

말투가 부드럽고 당당한 사람들은 겸손하며 지혜롭게 말한다. 우물을 바가지로 퍼 마셔본 사람이거나 빙산을 돌아가지 않으며 정면으로 넘어선 사람이다. 고뇌를 견뎌낸 사람의 공통적인 말투는 부드럽고 당당하다. 그러한 사람은 모두 고뇌의 강을 건넜다. 빙산론과 우물론을 통해서 당신 주변인 중에서 지혜로운 사람을 찾아보자. 그들을 만나거나 그 당당한 말투를 보고 있으면 즐겁고 유익하다. 의욕이 되살아나며 동기부여가 된다. 나는 이들을 떠올려서 만나고 느끼며 하루를 마무리한다. 삶이 지칠 때는 이들을 떠올리면서 용기를 낸다. 부드럽지만 당당하게 말하기는 인생을 바꾸는 데에 꼭 필요한 말의 내공이다.

[소소한 말투 포인트]

부드럽고 당당하게 말하는 힘을 어떻게 얻을 수 있을까? 그것은 바로 고뇌로부터 비롯된다. 축복을 받은 사람들은 하나같이 고뇌의 관문을 통과했다.

21. 마음을 절대 열지 않는 사람의 마음을 열게 하는
최면대화법

영업자가 고객들에게 하는 말의 핵심은 제품을 파는 데에 있다. 발표자의 스피치도 제품을 팔거나 계약을 따는 것이 핵심이다. 영업자와 발표자가 하는 말의 핵심은 원하는 걸 얻어내는 데에 있다. 직장 내에서 동료나 상사와 회의 또는 보고를 할 때도 그렇다. 직장인이 하는 말의 핵심은 자신이 원하는 대로 상대를 이끄는 데 있다. 비즈니스에서 말의 핵심은 분명하다.

그 핵심에서 벗어난 말은 부수적이라 최대한 가지치기해야 한다. 그래야 말이 날이 선 칼처럼 번득인다. 말하는 사람이 제품을 원하는 대로 팔수도 있고, 상대를 내 편으로 만들 수 있다. 영업자에게는 '이 제품을 구매해주세요'가 핵심이다. 발표자에게는 '이 프로젝트를 계약해주세요'가 그렇다. 직장인에겐 '제 의사에 따라주세요'가 핵심인 것이다.

상대가 이 말에 응해주면 핵심이 잘 전달된 것이다. 이때 핵심 메시지를 어떻게 효율적으로 다듬느냐가 중요하다. 간결하면서도 강력하게 핵심을 살려낼 때 원하는 것을 얻어낼 수 있다. 이것만으로는 부족하다. 모 자동차 딜러는 이런 고민을 내놓았다. "아무리 핵심 메시지를 다듬어서 전달하더라도 끄덕하지 않는 고객이 있습니다. 아니면 무조건 아닌 겁니다. 이 경우에는 어떻게 해야 좋겠습니까?" 절대 눈썹 하나도 까닥하지 않는 완고한 고객은 있기 마련이다. 이 고객은 그 어떠한 핵심 메시지를 전달하더라도 끄덕하지 않는다. 이 경우에는 '최면 요법'을 활용할 수가 있다.

최면이라고 해서 대단한 것이 아니다. 우리는 일상 속에서 무언가에 몰입할 때 주위의 반응을 잘 지각하지 못할 때가 있다. 축구 경기를 볼 때는 스마트폰에서 문자 알림 소리가 나더라도 못 알아차린다. 정신없이 소설책을 읽을 때에는 밥 먹으라는 가족 목소리를 잘 못 듣는다. 이 두 경우는 최면 상태에 빠진 상황이다. 철옹성처럼 비집고 들어갈 틈 없고, 절대로 마음을 바꾸지 않는 사람은 최면에 빠뜨리는 것이 좋다.

최면 심리학에서 '예스 멘탈 세트'를 이용하면 된다. 세 번 정도 예스를 유도하는 질문을 한 다음 네 번째로 원하는 제안을 하여 예스를 얻어내는 방법이다. 일상적인 물음을 세 번 던져 상대가 예스를 하면 최면 상태에 빠진다. 그런 후에 마지막으로 핵심 메시지를 전달하면 상대방은 저절로 예스를 하게 되어 있다.

다음 예시를 살펴보자.

"날씨가 덥죠?" → "네, 아주 덥네요." = 첫 번째 예스
"휴가는 잘 보내셨죠?" → "네, 휴가는 잘 다녀왔어요." = 두 번째 예스
"오랜만에 회사에 출근하니까 좀 힘드시죠?" → "네, 일주일을 쉬었더니 일이 손에 잡히지 않네요." = 세 번째 예스
"이번에 새 프로젝트 건 맡으실 생각 있으시죠? = 목적 제안

첫 번째, 두 번째, 세 번째 때의 질문에서 상대방이 예스를 하게 만드는 게 중요하다. 이렇게 해서 상대가 연속으로 예스 하게 되면 최면 상태에 빠지게 되는 것이다. 이때 네 번째에 자기의 핵심 메시지를 질문으로 던진다. 그러면 최면 상태에 빠진 상대방은 저절로 '예스'를 외친다. 완고한 상대를 만났다면 그에게 일상질문으로 세 번을 예스 하게 한 후 최면 상태에 빠지게 하자. 그런 후에 은근슬쩍 네 번째에는 단도직입적으로 핵심 메시지를 질문으로 전달해 보자.

"이 제품을 구매해주실 거죠?"
"이 프로젝트를 계약해주실 거죠?"
"제 의사에 따라주실 거죠?"

세 번의 질문으로 예스 하게 한 후에 마지막에는 핵심 메시지 질문을 하는 것이 성공 열쇠다. 그렇게 하면 상대방은 무조건 예스를 하게 되어 있다. 철옹성같이 닫힌 상대방의 마음은 '예스 멘탈 세트'로 열어라.

결론을 상대가 내리게 한다. 일반적으로 사람들은 자주적으로 행동을 하며 자기 의견이 존중받기를 원한다. 타인으로부터 강요당하거나 명령을 받고 있는 느낌이 들 때 기분이 상하게 된다. 대화를 할 때에 남에게 의견을 강요하기보다는 다양한 힌트를 주자. 자신이 원하는 결론으로 유도하는 방법이 더 효과적이다.

우리는 가끔 이야기를 잘 들어주지 않는 사람들을 보면 나에게 관심을 보여주시 않는 것 같나. 더 이상 이야기를 나누고 싶지가 않다. 다른 사람의 이야기에 진지하게 관심을 기울이며 잘 들어주고 경청하는 태도는 중요하다. 이는 대화에서 가장 기본이 되는 자세이다. 상대의 말뿐만 아니라 생각과 감정을 알아차리려는 태도로 이야기를 경청해야 한다. 이렇게 하면 상대방으로 하여 자신이 가치 있는 존재로서 받아들여진다. 이해받고 있다는 느낌을 갖게 하며 보다 친밀한 관계가 형성이 된다. 잘 듣기 위해서는 몸을 상대방에게 향하여 우호적인 눈빛을 보낸다. 상대의 말에 고개를 끄덕이거나 "아, 네~그러시군요"라고 공감해주고 맞장구를 쳐주는 것이 좋다.

대화를 잘하기 위해서는 상대의 입장에서 공감하는 것이 필요하다. 상대를 이해할 수 있는 제일 좋은 방법은 그 사람이 보는 대로 세상을 보는 것이다. 내 입장에서 벗어나 상대의 입장에서 보자. 왜 그런 말을 하고 그렇게 행동을 하는지 쉽게 알 수 있다. 진심으로 공감하는 방법이 있다. 상대방 이야기를 들으며 말 속에 담긴 감정과 기분을 이해하고 받아들이는 것이 중요하다. 공감을 하기 위해서는 상대가 느끼는 감정을 이해해야 한다. 그 이해하는 바를 말로써 표현하는 게 필요하다. 공감의 기본 방식은 "당신은 ~라고 생각하시는군요"와 같은 것이다.

자기개방은 자기의 인간적, 개인적, 사적인 면들을 드러내는 것이다. 자신의 있는 그대로 모습을 나타내는 것이다. 자기개방을 두 가지로 나누어서 볼 수가 있다. 첫째, 자기의 생각이나 감정, 경험, 정보, 기분 등을 개방하는 것이다. 예를 들면, "오늘은 룸메이트와 싸워서 그런지 공부에 집중이 안 되네요"와 같은 것이다. 둘째, 상대방과 공통된 생각, 기분, 감정, 정보, 경험 등을 털어놓는 것이다. 예를 들면 "평소에 저도 술을 잘 못 마셔서 술자리를 할 때마다 좀 힘들어요"와 같은 것이다. 자신을 먼저 상대방에게 드러내면 상대방도 자신의 마음을 드러낼 것이다.

[소소한 말투 포인트]
대화를 잘하기 위해서는 상대의 입장에서 공감하는 것이 필요하다. 내 입장에서 벗어나서 그 사람 입장에서 보자. 왜 그런 말을 하고 그런 방식으로 행동하는지 쉽게 알 수 있다.

22. 다름을 인정하는 순간에 상대방의 말문이 열린다

평소에 김 차장 A는 맛있는 음식을 찾아다니며 먹는 걸 즐기다 보니 주위에서 미식가로 불린다. A가 추천한 회식 장소는 "믿을 만하다"라고 소문이 퍼졌다. 그러다 보니 부서 회식 장소 정하는 건 대부분 A의 몫이다. 선배들도 항상 A가 제안하는 장소에 100퍼센트 찬성표를 던졌다. 그러던 어느 날이었다. 부서에 좋은 일이 있어서 미뤘던 회식을 급작스레 진행하게 되었다. 당연히 시선은 A에게 모였다. A는 기다렸다는 듯이 평소 찜해 놨던 장소를 추천했다.

A: "자연식 요리를 하는 곳이에요. 분위기도 좋고, 깨끗하고, 평소에는 기름진 음식을 많이 먹었잖아요. 이번에는 신선한 샐러드 건강식을 먹는 건 어떨까요?"
B 선배: "그래, 우리도 이제 몸을 생각해야 할 나이잖아. 김 차장이 낸 의견 좋다." "역시 김 차장이야."
C 선배: "김 차장, 자기 의견을 너무 강요하지 마!"
A: "왜요? 별로세요? 정말 괜찮은 곳인데요, 제가 완전 만족한 곳이에요."
C 선배: "아니, 나도 좋아. 그런데 다른 사람들 생각도 한 번쯤 해야지."

'아, 그렇구나!' 나는 내 생각이 선배들 취향에만 맞으면 되는 줄 알았다. 후배들의 의견은 미처 물어보지 못했다. '내가 선배님이니 너희들은 따라

오기나 해!'라는 것과 다를 바 없는 태도였다. 평소 회식 자리를 정하면 아무 얘기 없이 참석해오던 후배들의 표정을 보지 못한 실수였다. 아무리 채소가 몸에 좋더라도, 곱창을 더 좋아하는 사람들이 있을 텐데 말이다. 나와 다름을 인정하는 말투를 했어야 했다. 나와 다름에 대한 기본적인 인식이 없는 상태에서 한 나의 말이 문제였다. 그 말이 100퍼센트 맞는 말이라고 하더라도 나의 대화 과정과 말투는 잘못된 것이었다.

당연한 것이란 세상에 없다. 나와 똑같은 상식을 가진 사람들은 세상에 단 한 명도 없다. 너와 나에게 공통된 상식은 없다는 생각으로 말해야 제대로 된 말투를 사용할 수 있다. 내가 한 말이 누군가에게 상처로 다가가지 않게 하는 최소의 기준이다. 이렇게 말했다면 어땠을까? "추천하는 음식점은 자연식 요리를 하는 곳이에요. 분위기가 좋고, 깨끗해요. 매번 기름진 음식만 먹었으니 오늘은 건강식을 먹는 것도 좋은 것 같아요. 이건 제 생각이고요, 혹시, 다른 의견 있으시면 말씀해주세요. 특히 우리 후배들 중에 다른 아는 곳 있으면 추천 좀 해줘요. 나는 많이 갔던 곳이라 지겹기도 하고."

다름을 인정하는 말투는 상대방으로부터 대화를 끌어내는 힘이 된다. 서로의 다름을 인정함으로써 자기 의견에 대한 겸손이 저절로 말투에 배어서 나오게 된다. 이런 말투를 사용하는 사람과는 대화를 계속 이어가고 싶다. 자기의 의견도 적극적으로 내게 마련이다. 소통은 바로 이런 것이다. 일 방향 아닌 쌍방향 커뮤니케이션을 원하면 우선 나와 상대가 다름을 인정해야 한다. 상대방에게 다른 의견이 있을 수 있음을 고려하면서 대화를 시작해야 한다.

잘 들으면 이해를 더 잘할 수 있다. 많은 사람이 어려운 일이 있을 때에 항상 조언을 구한다고 하는 모 기업 사장이 있다. 그에게 사람들이 자신을 찾는 이유를 아느냐고 물었다. 자신의 이야기는 간결하게 전달하며, 상대의 이야기는 길게 들어주는 것밖에는 없다고 했다. 상대의 말을 절대 끊지 않는 것이 철칙이라고 했다. 커뮤니케이션은 바로 마음을 나누는 일이다. 아무리 좋은 말, 훌륭한 말, 도움 되는 말이라도 잘 듣기 위해선 마음의 귀가 우선 열려야 한다.

긍정적이고 따뜻한 자세로 사람과 일을 대하자. 소통이 그래도 원만하지 못할 때는 기다려주자. 상대가 아직 준비가 안 된 모양이라고 생각하자. 먼저 귀부터 열어 놓자. 커뮤니케이션에는 '말하기'만 있는 게 아니기 때문이다. 듣기, 읽기, 쓰기, 말하기가 순서이다. 보통은 그런데도 제일 중요한 '듣기'에 서툴다. 자기가 만들어 놓은 편견과 규칙, 가치관을 벗어난 말에 대해서 너그럽지 못하다. 들으면서도 자기가 할 말만 계속 생각하느라고 제대로 듣질 못한다. 공감하며 듣는 것은 귀로만 듣는 일뿐만이 아니라 눈과 가슴으로 듣는 것을 의미한다.

많은 리더들의 의사소통에서 문제가 발생하는 이유가 있다. 공감하면서 경청하기 전에 먼저 자신이 판단하고 결단하기 때문이다. 부하나 임원들

이야기에 끝까지 귀 기울이지 않은 채 몇 마디만 듣는다. 그 후 자신의 방식으로 판단하고 처방 내리는 일이 많다. 이 문제가 고쳐지지 않는 한 서로 간 소통의 길이 닫힌 채 일하게 된다. 자기가 하고 싶은 말이 많아도 조금 적게 해야 한다. 상대를 이해한다는 얼굴로 상대방의 이야기에 귀 기울여야 한다. 그러면 너무나 어렵게만 생각하던 의사소통 문제와 설득 문제가 쉽게 풀리기 시작한다. 그렇게 잘 들으면 절반밖에 이해할 수가 없었던 것도 3분의 2를 이해할 수가 있게 된다.

나와 상대가 다른 부분이 있더라도 너그러워진다. 상대의 얘기를 공감하고 경청하면 그도 내 얘기를 경청한다. 이는 어느 경우든 변치 않는 원칙이며, 자신의 사고를 넓혀주는 기회다. 그런데도 타인이 자기 가치관과는 다른 생각을 가지고 있다고만 생각한다. 그 생각을 꺾지 않으려고 한다고 그 사람을 비난의 대상으로 삼는 경우도 많다. 내 앞에서 일하는 직장 동료를 보면서 "저 사람은 왜 저럴까?"라고 생각한다. "왜 이렇게 생각하지 못하는 것일까?" 하며 끓어오르는 마음을 가누지 못한다. 결국엔 동료에게 가시 돋친 말을 하기도 한다.

A는 늘 자동차로 운전해서 하나의 코스로만 출근했다. 그러던 어느 날 동료가 더 빠르고 편리하게 출근하는 방법을 알려주었다. 버스 기다리는 시간이나 놓쳤을 때의 늦어지는 시간, 중간에 정체되는 상황을 생각했다. '그래도 자차 이용하는 게 편해. 거리가 얼만데… 자기 차가 없으니 그러

는 거겠지.' 하며 '나도 해봤는데 늦고 불편하더라.'라는 거짓을 슬쩍 보태서 동료의 제안을 무시했다면 교통비가 더 들 것이다. 아침 시간을 덜 낭비하는 방법을 한 번도 써먹지 못할 것이다. 피곤한 자가운전으로 출퇴근을 계속하면서 힘겨워할지 모른다. '그래? 한번 해볼까?' 하며 바로 하루만이라도 실천에 옮기는 열린 마음을 가져보자.

소중한 아침 시간을 절약하는 의외의 횡재에 동료에게 밥을 사주고 싶어질지도 모른다. 지금부터라도 생각을 한번 바꿔보자. 마음에 들지 않는 생각을 가진 사람들과 의견이 마주치는 상황이 벌어질 때가 있다. 내 의견을 일단 접어두고 상대 의견을 심각하게 검토해볼 아량이 필요하다. 당신에게 이런 대립 상황은 새로운 사고를 넓히는 좋은 기회이기 때문이다. 내가 생각을 더 넓히지 못했는데, 다른 사람 의견을 검토하며 수용하고 이해해야 될 때가 있다. 노력하는 과정에서 생각의 지평을 넓히게 된다. 일과 감정을 '쿨하게' 분리하기는 말처럼 쉽지 않다.

그렇지만 성숙한 사회인이라면 회사에서 힘들게라도 트레이닝을 해야 하는 부분이다. 장애와 종교, 정치적 성향에 대한 차이만이 차이가 아니다. 이럴 때에는 한 발 떨어져서 이해하려는 마음이나 그 사람이 되어보려는 자세가 필요하다. 상대가 나와 다르다는 차이를 인정할 때에 인간관계가 더 매끄러워질 수 있다. 세상일이 내 생각대로만 될 수가 없다. 만약 그렇게 될 수 있다고 해도 그것은 불행한 일이다. 세상은 다양한 사람이 모여 다양한 생각과 행동을 함으로써 발전하며 진보해 왔기 때문이다. 다양성은 그만큼 변화의 동력이 되고 삶의 리듬이 된다.

남이 자기의 가치관과 다른 생각을 가지고 있고, 생각을 꺾지 않으려고 할 때도 있다. 그런 상황에서 상대에게 비판의 칼날을 세운다면 더 이상의 대화는 불가능하다. 자기 생각을 인정받으려면 상대의 생각도 인정해야 한다. 다름을 인정할 때에 진정한 대화가 시작되기 때문이다.

[소소한 말투 포인트]

일 방향 아닌 쌍방향 커뮤니케이션을 원한다면 우선 나와 상대가 다름을 인정해야 한다. 상대방에게 다른 의견이 있을 수 있음을 고려하면서 대화를 시작해 보자!

23. 내성적인 사람에게 건네면 좋은 말

누군가 내가 가진 것에 대해 인정해주는 말을 들으면 고마운 마음이 저절로 든다. 특히 약점이라고 스스로 생각하고 있는 부분에 대해 누군가 그것은 약점이 아니라고 말한다. 강점이라고, 그저 당신의 특징일 뿐이라며 인정하며 칭찬해주면 눈물 날 정도로 고맙다. 당신 역시 마찬가지가 아닐까? 당신도 약점이라고 생각되는 점이 분명 있을 것이다. A는 내성적 성향의 사람이다. 그래서인지 사람들에게 항상 "소심하다.", "박력 없다."라는 식의 말을 많이 들어서 주눅이 들 때도 많았다.

어렸을 때 A의 엄마는 A에 대해서 이렇게 말하곤 하셨다. "범준이는 내성적이야. 남자애가 왜 그렇게 부끄러움을 많이 타는 거니." 수십 년이 지난 지금, 난 이렇게 말하고 싶다. "부끄러움은 내성적이라는 말하고 동의어가 아니에요." '있는 그대로 내성적 성향을 인정해주며 응원해 주셨다면 더 좋았을 텐데'라는 마음이 든다. 솔직히 아직도 아쉬운 마음이 크다. 《마음을 스캔하다》(경향신문사, 2014)라는 책에서 보면 "수줍고 비사교적이면 내성적이다. 사교적이고 활발하면 외향적이라고 하는 것은 일상적인 표현일 뿐 학문적 개념은 아니다."라는 문장이 나온다. "내향과 외향은 특징일 뿐이다. 어느 하나가 다른 것보다 앞서는 성향이라고 일방적으로 말할 수 없다."라고 단언한다.

내향과 외향 구분은 한 사람의 중요한 행동, 판단을 결정하는 생각과 감정의 무게중심에 나뉜다. '자신(주체)'을 향하면 내향, '자신 이외 외부대상(객체)'을 향하면 외향이며 기준 차이이다. 그 이상의 기질적 우월성은 없다. 그럼에도 불구하고 여전히 이러한 성향인 사람들을 내성적인 사람이라고 말한다. 내성적이라는 단어를 수줍음과 부끄러움을 동일시하면서 말이다. 그런 말을 듣는 사람들은 내성적이라는 사람이라고 '낙인찍힌' 사람들을 보면서 생각한다. 고칠 수 없는 수동성과 바꿀 수 없는 소극적 성향인 사람을 떠올린다. 편견을 깨기란 얼마나 힘든가. 깨지기 힘든 만큼 한 번 깨면 문제가 쉽게 해결되는 것을 최근에 알았다.

대학원 다니던 때의 얘기다. 어느 봄날의 오후였다. 교수님과 차 한잔을 하는 자리에서 성격에 대한 얘기가 나왔다. 그때 고민이라며 말했다.

학생: "저의 내성적인 성격이 불만입니다."
교수님의 표정이 인자했다. 잠시 동안 미소를 머금더니 다음과 같이 말씀하셨다.
교수님: "내향적인 에너지가 강한 사람이군요. 세상에 대해 조심성 있게 행동하고, 자신의 감성을 잘 돌봐 주는 사람이겠군요."

그렇다. 마음이 찡했다. 마음속으로 에너지를 좀 더 쏟는 사람이었을 뿐인 것이다. 그만큼 타인의 감정에 대해서도 조심스러운 사려 깊은 사람인 것이다. 왜 그동안 이렇게 강점이 많은 내 특성을 약점이라 생각하면서 스스로 개념화하고 있었던 것일까?

한편 상대가 지닌 모습을 그대로 인정해주며, 강점을 찾아서 말을 해주는 사람은 얼마나 아름다운가. 상대에게 약점이 있는가. 그 점을 장점으로 바꾸어서 말하려는 노력, '약점 대신에 강점에 집중하는' 말투를 사용해야 한다. 그런 사람들이 많아지면 대부분 콤플렉스에서 벗어나 많은 사람들이 자존감이 높아질 것이다. 잠깐이라도 생각을 해보자. 상대방의 약점을 강점이라 할 수 있는 논리를 찾아 그것을 말해줘라. 감동에 찬 상대의 눈빛을 느낄 수 있을 것이다.

내향적인 사람 이해하기

내향적인 사람들이 사회생활을 하기 위해 더 많은 에너지가 필요하다. 사회생활을 하다 보면 더 빠르게 지치기도 한다. 외향적 사람들은 타인들과 함께하며 기운을 얻는다. 반면에 내향적인 사람들은 고요할 때 더 에너지를 느끼고 창의적 생각을 하게 된다. 외향적 사람들은 타인과 함께 있을 때 기분 좋은 호르몬 도파민이 강하게 분출된다. 내향적 사람들은 그렇지 않다. 이들은 자신으로부터 만족감을 느낀다. 내향적 사람들이 다 수줍음을 타거나, 사람들과 사회적 환경에 두려움을 느끼는 것은 아니다. 사람들과 사회를 싫어하는 사람들도 아니다.

이들은 단지 고조된 감성과 연민, 창의성을 갖추고 있을 뿐이다. 그렇기 때문에 내향적 사람들은 진심으로 상대를 아껴주는 좋은 친구가 되기도 한다. 내향적인 사람들은 매우 자기성찰적임을 인지해야 한다. 내적으로 성찰하는 성향으로 인하여, 더 창의적이고 세심하며, 독립적으로 일하는 경향이 있다. 내향적 사람들은 1:1로 있을 때 제일 편안해한다. 대부분 내향적 사람은 한 번에 한 명의 친구하고 대화하는 것을 좋아한다. 여러 사람들이 어울리는 자리에서 친구가 침묵을 유지해도 다르게 받아들이지 말자. 다른 사람들이 하는 말을 경청하면서 자신의 머릿속으로 생각하는 중일 것이다.

이러한 모습은 내향적 사람의 성찰적인 특징을 나타낸다. 많은 사람들이 있는 곳에서 내향적인 친구가 문가에 있는 모습을 본 적이 있을 수 있다. 필요할 때 쉽게 빠져나갈 수 있기 위해서 북적이는 곳에서 취하는 대처법이기도 하다. 내향적인 사람이 가끔 '연기'를 하는 것같이 보이더라도 이해해야 한다. 천성적으로 사교적이지 않는 사람이 사회적 상황에 처했을 때 이처럼 행동을 할 수도 있다. 외향적인 사람과 사교적 활동을 하는 것에 불편함을 느끼기 때문이다. 사회적 상황에 더 쉽게 대처하기 위해서 '일시적으로 외향적'인 모습을 보일 수가 있다. 일종의 '연기'라고 생각해도 좋다. 이러한 노력을 기울이면 많은 에너지가 소비된다.

큰 행사에 참가할 때 내향적 사람들은 혼자 있거나 약간의 휴식을 가져야만 한다. 그렇다고 걱정하지는 말자. 당신과 내향적 친구가 진정한 친구라면, 대부분은 자신의 진실한 모습으로써 당신을 대할 것이다. 친구가 내향적이라는 사실을 존중해줘야 한다. 이는 하나의 존재 방식이다. 친구가 세상을 바라보는 다른 시야를 가지고 있다고 생각해야 한다. 사회적 상황을 조금 다르게 받아들인다는 사실을 존중하자. 다양한 사람들과 어울리기를 좋아한다면, 주위에 내향적인 친구들이 있을 수 있다. 내향적인 사람들은 내성적이고, 수줍음이 많다. 다른 사람들과 어울리기 위해서 더 노력을 해야 된다.

그렇다고 해서 내향적 사람들이 사회 활동을 싫어하거나, 사회적 공포증이 있다는 의미는 아니다. 내향성은 개인적인 성향이다. 사회적 상황 속에서 사람들과 어울리기 위해서 많은 에너지를 쏟아야 한다. 많은 사람들과 같이 있을 때 쉽게 피로감을 느낀다. 혼자가 편할 때가 많다. 다시 사회 활동을 하기 위해서 정기적으로 충전 시간을 가져야 한다. 내향적인 사람들은 세심하고 좋은 친구가 될 수 있다. 내향적 성향 뿌리를 이해하며, 이들을 존중하고 이해하면 서로 성취감 있는 관계를 만들 수 있다.

[소소한 말투 포인트]
상대가 지닌 모습을 그대로 인정해주며 강점을 찾아 말을 해주는 사람은 얼마나 아름다운가. 상대에게 약점이 있는가? 그 점을 장점으로 바꾸어서 말하려는 노력, '약점 대신에 강점에 집중하는' 말투를 사용해야 한다.

24. 상대방의 가치를 평가절하 하는 '경멸' 말투

약자는 항상 약자로만 남을까? 아니다. 약자가 강자가 되기도 하며, 강자가 다시 약자 위치가 되기도 한다. 그렇기 때문에 내가 지금 강자의 위치에 있다고 하여 쉽게, 함부로 말을 하면 안 된다. 그중에서도 경멸 말투는 특히 절대 삼가야 될 말투이다. 경멸은 '깔보아 업신여김'의 뜻이다. "당신은 경멸의 말투를 사용하고 있나요?"라고 물었을 때 "그렇다"라고 말을 하는 경우는 드물다. 경멸이라는 단어 느낌이 강하다 보니까 '자긴 그런 나쁜 태도를 가지고 있지 않다.'라며 착각할 뿐이다. 하지만 생각보다 많은 사람이 실제로는 사용을 하고 있다.

질문을 바꿔보자. "혹시 경멸 말투 때문에 기분 나쁜 적이 있었나요?" 대다수의 사람들이 "그렇다"라고 답할 것이다. 경멸의 말에 상처 받은 사람들은 많음에도 그렇게 말했다고 하는 사람이 없다는 것은 잘못되었다. 경멸 말투를 사용하면서도 스스로 인식조차 못 하는 사람들이 많다는 뜻이다. 경멸 말투는 대화 상대를 쓸모없는 사람으로 취급하는 아주 잔인한 말이다. 그럼에도 이를 조심하는 사람들은 그리 많지 않다.

작은 중견기업에서 팀장으로 일하는 친구가 있다. 일도 잘해서 회사에서도 인정받는 친구다. 직장과 가정에서 모범적인 모습을 보여서 친구들

사이에서 늘 귀감이 되는 좋은 친구이기도 하다. 한번은 술자리에서 자신의 고민거리를 이야기하는데 내용이 충격적이었다. 자기 회사 사장이 평소에는 무지 인자하며 좋단다. 그런데 술만 마시면 언어폭력이 시작되어 견딜 수가 없을 정도란다. 친구의 콤플렉스에 대해서 아무렇지 않게 말한다고 한다. 사장 말에서 모욕감을 느낀 적이 한두 번이 아니라고 한다.

예를 들자면 이런 식이다. "K 회사 김 팀장 알지? 그 친구 이름도 없는 지방대를 나왔더라고. 어떻게 그런 사람한테 팀장을 맡기나. 거 참. 그 친구, 일은 잘하고 지식은 있지만 지혜가 부족해. 지방대가 괜히 지방대인가." 참고로 친구는 지방에 있는 국립대학교에서 대학원까지 나왔다. "지방대가 괜히 지방대가 아니다."라는 사장 말을 들은 그의 기분은 어땠을까? 자신은 제3자에 대한 이야기를 한 것이니 문제없다고 할 수도 있겠지만 듣는 당사자는 그렇지 않다. 사장이 하는 말이 경멸 말투로 느껴졌다고 한다. 이런 경우가 한두 번 아니었나 보다. 회사에서는 인자한 모습을 보이다가 술자리에서는 경멸의 말을 쏟는 것이 일상이었다고 한다.

그럴 때마다 '사장님이 날 쉽게 보는구나.' 하는 생각이 들었었다고 한다. 심지어 자기가 쓸모없는 사람으로까지 느껴졌다고 한다. 직접적으로 경멸을 표현하는 것보다 더욱 상대의 가슴을 후벼 파는 저주와 같은 말투였던 셈이다. 결국 그는 그 회사를 그만뒀다. 사장의 말 때문만은 아니었을 것이다. 회사를 계속 다니기 힘들다고 느껴졌던 많은 순간들이 경멸 말투를 듣는 순간들이었다고 한다. 간접적인 경멸의 말투도 상대의 가치를 평가절하 하는 잔인한 말이라는 것을 잊지 말자. 당신이 최근에 들은 말

중에 가장 경멸의 말투로 느꼈던 말을 떠올려보자. 만약 당신이라면 어떻게 말을 했을 것인가를 고민해 보자.

경멸이 아닌 존중의 말투로 바꿔서 말하는 연습을 시작해 보는 것이다. 대한민국의 최고 MC 자리를 놓치질 않는 유재석의 말이다. 유재석이야말로 말의 힘, 무서움을 아는 사람이다. 상대를 움직이기 위해서는 상대방이 스스로 움직일 수 있도록 도와주는 말을 한다. 말투는 상대에게서 존중을 끌어내며 신뢰를 얻어내는 강력한 무기이다.

유재석의 어록

"말을 독점하면 적이 많아진다."
"적게 말하고 많이 들어라. 들을수록 내 편이 많아진다."
"앞에서 할 수 없는 말은 뒤에서도 하지 마라."
"칭찬에 발이 달렸다면 험담에는 날개가 달려 있다."
"입술의 30초가 마음의 30년이 된다."
"리더가 책임을 져야 한다고 생각한다."

말투는 논리가 아닌 감정 언어이다. 상대방에게 따뜻한 말투, 다정한 말투와 힘을 주는 말투를 사용해야 한다. 관계가 좋아지는 말투 사용에 앞서서 전제조건이 있다. 상대에 대한 공감과 이해이다. 상대에 대한 공감과 이해의 첫걸음은 바로 '너와 나는 서로 다르지 않다.'라고 하는 생각이다. 다르지 않다고 생각을 갖는 것만으로도 우린 대화에 능숙한 사람이 될 수 있다.

올바른 말투를 사용하는 사람으로서 거듭날 수가 있다. '동류의식'이라고도 말할 수가 있다. 동류의식을 말투에 적용하려면 다음 두 가지만 기억하자.

1. 내가 좋아하는 말투가 있다. 그대로 상대방에게 해주면 된다.
2. 내가 싫어하는 말투가 있다. 그 말투를 사용하지 않는다.

말투란 논리가 아니고 감정이다. 존칭을 깍듯하게 붙여서 쓴다고만 하여 좋은 말하기 법은 아니다. 논리가 정연하다고 하여 제대로 된 커뮤니케이션이라고 할 수 없다. 대화란 서로 다르지 않은 사람이라는 생각을 갖는 것으로 출발해야 한다. 주어가 말투를 만든다. 잘못된 주어를 말의 맨 앞쪽에 두는 습관 때문에 상대의 마음을 아프게 하는 일이 있다. 그로 인하여 상대방을 당황케 하는 일이 얼마나 많은가. 대화 시 주어 사용은 상대에 대한 자기의 인식을 적나라하게 드러내기도 한다.

남녀가 한 차를 타고 가는데 조수석의 남자가 말했다. "여자치고는 운전을 잘하네." 여자는 말을 어떻게 받아들일까? 과연 칭찬으로 받아들일까? 천만의 말씀이다. 매우 기분 나빴을 것이다. 마르틴 하이데거는 "언어는 존재의 집"이라고 했다. 말을 하는 자신의 존재를 규정한다. 말은 자신의 말을 듣는 상대방 존재를 특정 지우기도 한다.

상대방 신뢰를 얻는 "Thanks to, 덕분에" 논리적 추론을 잘한다고 하는 사람들이 사용하는 단어가 있다. 인과관계를 정확하게 설명해주는 "때문에"다. 회사에서 사용한다면 논리적인 사람으로 평가받을 수 있지만 일상

대화현장이면 어떨까. 일상 속에서 때문에를 남발하게 되면 소극적이라는 이미지를 얻을 수 있다. 반면, "덕분에"라는 표현은 관계를 개선함은 물론 상대방의 신뢰를 얻기 위한 최적의 단어다. 자신의 자존감을 강화하며 세상과 정면으로 부딪힐 수 있도록 하는 힘이 되기도 한다. 아주 작은 것이라도 좋으니 '덕분에'라는 말투를 사용하는 것에 집중을 해보자.

우리가 평소에 무심코 던진 한마디가 상대방에게 상처를 준다. 돌이킬 수 없는 실패와 결국 불행한 상황을 초래하기도 한다. 그러므로 관계 나무의 뿌리를 튼실하게 하는 데에 힘써야 한다. 가장 중요한 것이 긍정과 인정의 말 한마디다. 존중하는 말 한마디는 뿌리가 탄탄한 관계를 만든다. 그로 인하여 달콤한 열매인 신뢰를 맺게 되며, 성공과 행복이란 선물을 안겨준다.

[소소한 말투 포인트]

경멸이 아닌 존중의 말투로 바꿔서 말하는 연습을 시작해 보자! 말투는 상대에게서 존중을 끌어내며 신뢰를 얻어내는 강력한 무기이다.

제4장

부드러운 대인관계를 위한 대화법

25. 말의 내용보다는 말하는 자세가 더 중요하다

입으로 나오는 소리만 말이 아니다. 손짓, 몸짓, 표정과 태도 등을 '비언어적 커뮤니케이션'이라고 말한다. 우리는 표정이나 태도를 보고 사람의 감정을 알아차릴 수가 있다. 손짓이나 몸짓을 보고 그 사람이 무슨 말을 하고 싶은지 짐작이 가능하다. 아이들은 무엇을 선택해야 될 상황이 생기면 먼저 부모 얼굴을 바라보는 경향이 있다. 자신의 선택이 부모 마음에 들지 안 들지를 살피는 것이다. 부모의 표정이나 몸짓에 따라서 자신의 선택을 결정하는 부적합한 방법이다. 비언어적인 커뮤니케이션을 다루는 내용이기에 부득이하게 예로 들었다.

공감을 끌어내는 방법으로도 비언어적인 커뮤니케이션이 많이 활용된다. 사람들은 함께 가지 않으면 도태될지 모른다는 비합리적 신념으로 결국 공감에 합류하기도 한다. 그 밖에도 비언어적인 커뮤니케이션을 사용하는 경우가 많다. 칭찬을 하거나 긍정적 반응을 보일 때도, 화가 났다거나 불만 가득할 때도 그렇다. 굳이 말하진 않지만 표정이나 태도만으로도 자기의 상태를 충분히 보여줄 수 있다. 애써 외면하거나 무시하지 않는 이상은 누구나 그 감정들을 알아채며 쉽게 이해할 수 있다. 언어로 전하는 메시지는 전체 중에 고작 7%밖에 안 된다고 한다. 우리가 삶에서 소통하는 방식은 비언어가 대부분이라고 볼 수 있다.

언젠가 내게 상담을 요청한 젊은 여성이 있었다. 결혼한 지 일 년도 되지 않았는데 남편 행동이 너무 참기 어렵다고 호소했다. 전에 부부 동창 모임이 있었는데 오랜만에 친구들을 만나서 허심탄회하게 시간을 보냈다고 한다. 친구의 남편들과도 술잔을 부딪치면서 신나는 밤을 보냈다고 한다. 그날 이후부터 남편이 냉랭한 모습을 보였고 집에서도 마주 앉아서 대화도 피한다고 했다. 그녀는 자기가 무엇을 잘못했는지 아무리 생각을 해 봐도 알 수 없었다. 추적 결과 여성은 평소에 술을 즐기지도 않았고, 정숙하고 교양미가 흐르는 이미지였다고 한다. 여린 체구에 체력도 약해서 가사도 남편의 도움을 받고 있었다.

남편은 단아하고 우아한 그녀 모습에 호감을 느꼈고 결혼까지 했다고 한다. 동창들과 유쾌하게 밤을 새우면서 술잔을 거침없이 받아 마시는 아내에게 충격 받은 것이다. 아내의 두 얼굴에 남편은 혼란스러워졌다. 한번 비뚤어진 마음은 걷잡을 수가 없었고 그 마음을 제대로 표현할 길이 없었다고 한다. 아무렇지 않은 듯이 애써왔지만 표정과 태도는 차마 숨기지 못했고 그대로 나타난 것이다. 여성은 남편의 마음을 알아채지 못했다. 남편은 비언어로 꾸준하게 이야기하고 있었던 것이다. 아내는 현상에만 몰두하느라 남편의 소리에 귀를 기울이지 않았던 것이다.

한가한 주말 저녁 티브이를 켜면, 다양한 예능 프로그램들이 나온다. 스케치북에 적힌 제시어를 말없이 몸짓으로만 설명해서 퀴즈를 맞혀 나가는 장면이었다. 사물, 사람은 물론 동물과 속담까지 몸짓만으로 표현이 가능할까 하는 제시어들이 쏟아져 나온다. 설명과정이 웃음의 포인트가 되기도 하지만, 의외로 어려운 제시어를 센스로 표현해낸다. 그것을 캐치해서 맞혀내는 일련의 과정들이 놀랍게 느껴진다. 대화에서 구술언어만을 절대적 요소로 생각하고 있으면 큰 착각이다. 사람들 의사소통에서 90% 이상은 비언어적 표현으로 이뤄진다. 상황에 따라 몸동작, 얼굴표정, 말의 속도, 자세, 옷차림 등의 다양한 요소들이 있을 수 있다.

이는 말보다 훨씬 표현력과 설득력을 가질 수 있다는 뜻이다. 초기 인류 오스트랄로피테쿠스의 등장은 약 300만 년 전의 일이다. 우리가 사용하는 구술언어가 사용되기 시작한 것이 겨우 20만 년 전이라고 한다. 가늠할 수가 없는 긴 세월 동안 우리의 조상들은 언어 대신 의성어와 몸짓 등을 사용했다. 신체 언어로 소통을 하면서 현재까지 진화를 거듭해 온 것이다. '보디랭귀지(Body language)'로 불리는 신체 언어는 비언어적 의사소통의 한 종류이다. 몸으로 의사소통하는 것을 말한다. 언어는 국가, 환경과 문화에 따라서 구조와 어순이 달라진다. 능숙하게 사용하기까지는 노력과 시간이 필요하다.

그렇지만 신기하게도 바디랭귀지는 모두 통한다. 일전에는 전혀 알지 못했던 나라, 문화권과 인종 사이라도 바로 의사소통이 가능하다. 어쩌면 보디랭귀지, 신체언어는 300만 년 동안 공유해왔던 세계인 공통 언어일 것이다. 5분의 시간 동안에 아무런 표정과 몸짓 등 반응을 일체 하지 않는 사람과 소통하기는 어렵다. 차라리 대놓고 비난받는 것보다 더 힘든 일이 될 것이다. 실제로 이런 상황을 세팅해 놓고 인터뷰 진행을 해보았다. 사람들은 스트레스 호르몬 코르티솔이 분비된다고 한다. 사람들은 말보다는 행동에 더 커다란 영향을 받는 이유 때문이다. 서로의 보디랭귀지는 결과와 반응 효과가 있으며 상호작용이 일어난다.

사람들은 서로 보디랭귀지를 살피며 분석한다. 최근 채팅앱이나 SNS상에서 움직이는 이모티콘을 활용해서 보디랭귀지를 전달하기도 한다. 보디랭귀지는 사람들의 주장에 설득력을 갖게 하고, 이는 곧 자신감이라고도 표현된다. 펜을 입에 물고서 웃는 연습을 할 때에, 신체는 웃는 행위만으로도 스스로 행복하다고 느낀다. 동시에 그것을 보는 사람도 그와 같은 감정을 공유한다. 행동은 양방향으로 영향을 미친다. 백 마디 말보다도 의미 있는 하나의 행동이 마음을 움직이게 한다. 비언어적 교류인 보디랭귀지를 통해서 상대와 적극적인 소통 분위기를 만들도록 하자. 그러기 위해서는 'SOFTEN' 6가지 법칙을 알아야 한다.

SOFTEN의 법칙

1) Smile (미소 유지)

밝고 환한 미소는 반가움과 기쁨을 나타내는 신체 언어다. 자연스러운 미소는 긴장된 상황을 좀 더 편안하게 만든다. 상대에게 그와 소통하고자 한다는 마음을 강력하게 암시한다.

2) Open (개방적인 자세)

사람들은 누군가의 이야기에 집중하거나 교류하고 싶을 때 취하는 자세가 있다. 무의식적으로 몸을 상대 방향으로 돌려서 어깨를 활짝 편 자세를 취한다. 활짝 편 어깨는 상대에게 개방적인 태도와 집중하고 있는 인상을 느끼게 한다.

3) Forward Leaning (몸을 앞으로 기울이기)

대화 시에 상대가 앉은 쪽으로 몸을 살짝 앞으로 기울이는 행동만으로도 경청하는 것을 전달한다. 상대방에게 '나는 지금 당신의 이야기를 경청하고 있고, 이 시간이 매우 의미 있습니다.' 이와 같은 뜻을 전달할 수 있다.

4) Touch (접촉)

가벼운 접촉과 살가운 이야기는 인간관계를 친밀하게 만들기도 한다. 그 대표적인 행동이 '악수'다. 서로의 손을 가볍게 맞잡는 것으로 서로 존중하는 분위기를 만들어 준다.

5) Eye (눈 마주치기)

사람들은 호감이 있는 상대와는 자주 눈을 마주친다. 관심이 없거나 흥미가 떨어지는 사람과는 눈을 잘 마주치지 않는다. 대화를 할 때 상대의 눈을 부드럽게 마주치는 것이 필요하다. 스스로에 대한 자신감과 만족감에 대한 표현을 전할 수 있다. 상대에게는 신뢰감과 경청에 대한 신호이기도 하다.

6) Nod (고개 끄덕이기)

머리를 위아래로 흔드는 행동은 상대를 인정하고 동의한다는 뜻을 가지고 있다. '당신의 이야기를 저도 귀담아 잘 듣고 있습니다.'라는 의미로도 전달돼 상대의 경계심이 누그러지고 믿음감이 올라가게 될 것이다.

SOFTEN 법칙은 결론적으로 말의 내용보다는 말하는 자세가 더 중요하다는 것을 담고 있다. 사람은 다른 사람 행동을 관찰한다. 그의 의견과 생각을 해석하여 받아들이기 때문이다. SOFTEN의 비언어 소통 법칙을 잘 활용하면 상대와 더 적극적인 소통을 할 수 있을 것이다.

[소소한 말투 포인트]

백 마디 말보다도 의미 있는 하나의 행동이 마음을 움직이게 한다. 비언어적 교류인 보디랭귀지를 통해서 상대와 적극적인 소통 분위기를 만들도록 하자!

26. 정글과 같은 세상 속에서 더 필요한 우회로 말투

훌륭한 최면가는 내담자의 부담을 덜어주는 데 달인이라고 한다. 그들은 최면을 걸기 위해서 '제가 최면을 걸기 위해서 마음을 열어 주세요.'라고 말하지 않는다고 한다. 이렇게 곧이곧대로 말하는 순간 상대는 마음을 닫아 버린다는 것이다. 오히려 상대의 심리적 장벽을 허물기 위해서는

'발목도 풀고 다리도 푸세요.'

'자, 저쪽에 그려진 말 그림을 보세요.'

'아무 말도 할 필요 없습니다.'

'편히 이 방향을 계속해서 바라보면 됩니다.'

'당신이 바라보는 동안 전 당신이 해 온 일들을 떠올릴 수 있도록 할 것입니다.'

같은 말을 통해서 간접적으로 '풀어라'라는 메시지 전달을 하는 것이 효과적이라고 한다. 보통 잠이 안 올 때 '양'을 세라고 얘기를 한다. 그 많은 동물 중 왜 양일까? 양은 잠이 많은 동물일까? 아니다. 그 말의 이력을 알면 한국에는 맞지 않는 얘기라는 것을 알 수가 있다. 미국인 입장에서 양을 센다는 것은 바로 'sheep'을 마음속으로 되뇌는 것이다. Sheep의 스펠링은 sleep과 비슷하다. 직접적으로 sleep을 생각하면 무의식에서 반발한다.

sleep과 유사한 단어인 sheep을 떠오르게 해서 sleep에 이르게 한다는 원리이다. 에릭슨의 우회법을 정확히 따라 한 사례라고 볼 수 있다.

한국말로 '양'을 생각하는 것은 잠을 자는 데 큰 도움이 되지 않는다. 차라리 '잠'과 비슷한 '점' 개수를 세는 것이 더 효과적일 수가 있다. 이러한 심리적 장벽을 지우는 방법 중에 강력한 것은 '잊어버리게 만드는 것'이다. 내담자가 마음의 벽을 순간적으로 잊게 하기 위해 활용할 수 있는 도구를 찾는다. 거기에 집중하도록 하여 다른 쪽으로 의식을 옮기는 것이다. 긴장, 걱정과 두려움, 불안, 부담감 같은 감정들을 말이다. 이렇게 하는 데 가장 좋은 방법이 상대의 취향을 재빨리 파악하는 것이다. 그렇게 함으로써 그가 이야기를 신나게 늘어놓게 하는 것이다. 경계심은 스스로 뭔가를 신나게 말할 때 잘 풀리기 때문이라고 한다.

존중의 경청과 호기심 어린 질문은 상대방이 말하기 신나게 만든다. 모든 사람들은 자신 이외의 누군가하고 커뮤니케이션을 하며 살아가야 한다. 사회적 동물로서 '대화법'이란 중요한 스킬인 것 같다. 나의 의사와는 다르게 의미 전달이 되기도 한다. 내가 의도하지 않은 방향으로 대화가 흘러가기도 한다. A가 학교에서 학생들을 대상으로 하여 교육 실습을 하던 때의 일이다. 맨 앞자리에 있던 '날라리'로 불리는 여학생이 있었다. 수업 시간에 출석 부르는데, 바로 앞에 있으면서도 친구들과 수다를 떨며 대답하지 않았다. 세 번 이상을 불러도 대답을 하지 않았다.

A: "왜 대답하지 않니?
학생: "안 들려요!"

소리를 빽 지르더니 고개를 돌려서 다시 수다에 열중했다. 그 모습이 귀엽기도 해서 허허 웃으며 넘어갔다. 그렇게 일주일쯤 지나자 오히려 관계가 친해졌다. 먼저 말을 걸지 않아도 여학생은 문제를 풀어 달라고 먼저 다가왔다. 그때 "선생님이 부르는데 그게 무슨 태도니!"라고 꾸짖었다면 관계가 나빠졌을 것이다. 상대가 나에게 부정적 피드백을 보여도 꾸준히 긍정적으로 받아 주면 좋다. 그럼 나에 대해 상대의 벽이 녹아내리기 시작한다. 부정적 피드백을 받는 상황에 처했을 때에는 격앙이 될 것이다. "감히 선생님을 무시해? 이 녀석, 혼 좀 한번 나 봐라." 한다면 가르칠 자격 없는 사람이다. 특히 환경에서 이뤄지는 대화는 끝이 없는 부정적 반응과의 싸움이다.

거기에 당황하고 화를 내면 교육할 자격이 없는 사람이다. 타인이 나에게 어떤 말을 하며 어떤 표정과 반응을 보이든지 그 말을 부정하지 않는다. 그의 말이 옳다고 한다. 설사 내 말을 일방적으로 무시하며 대답조차 안 해도 "당신은 잘하고 있다."라고 해야 한다. 그렇게 행동하는 것이 그의 마음속에 빠르게 액세스 할 수 있는 방법이다. 이렇게 이야기하면 이렇게 반문할 사람도 있을 것이다. "어떻게 나를 기분이 나쁘게 하는 모든 사람에게 항상 긍정적 반응을 보일 수 있느냐?" 말이다. 물론 모든 사람에게 그러지는 않는다. 그 사람과 관계가 나에게 의미가 있을 때 그렇게 한다.

예를 들어 내가 선생이고 상대가 학생일 때에는 반드시 좋은 관계를 만들어야 될 의무가 있다. 그런 관계라면 어떤 수모를 감내하더라도 관계를 좋게 만들 우회로를 찾아낸다. 타인에게 외면, 무시, 모멸 등의 부정적 반응을 받는 사람들은 대부분 타인을 증오한다. '자신이 더 힘 있는 사람이 되어야겠다.'라고 생각한다. 증오는 지혜롭지 못한 것이다. 나의 사회적 힘을 기르는 것은 엄청난 노력이나 운이 필요한 일이다. 설사 피나는 노력으로 힘 있는 사람이 된다고 해보자. 그때의 나보다 더 힘 있는 사람 앞에 서면 소용없어진다. 그러면 평생 노력만 하다 삶을 다 보내고 만다. 우리가 부러워하는 판검사, 변호사, 의사와 고위 관료, 재벌 등이 있다. 유유자적 즐기면서만 살까?

그렇지 않다. 세상에 최고는 없다. 위에는 언제나 위가 있다. 의사, 변호사, 검사 같은 엘리트들은 그들 내부에서 엄청난 경쟁을 한다. 재벌은 형제끼리 피 튀기는 싸움을 벌인다. 이런 식으로 하다가 보면 끝이 없다. 노력하며 사는 인생은 나쁘지 않다. 그렇지만 그 자체로써 즐거운 노력이 되어야 한다. 힘 있는 인간이 되기 위한 노력만 해선 안 될 것이다. 우리는 힘 있는 인간이 될 수가 없다. 우리가 노력해서 뭘 이루더라도 그 위에서 더 큰 힘으로 우리들을 누르는 사람이 있을 것이다. 인간관계를 사회적 힘으로 풀려고 하지 말아야 한다. 인간 대 인간으로서 나의 말이 먹히도록 만들 방법을 알 필요가 있다.

'어차피 힘센 놈은 못 이겨'라고 생각하는 것은 잘못된 것이다. '힘센 놈을 직접적으로 이기기는 어려워'가 맞는 생각이다. 말단 사원이 부장을 이길 수 없으며, 부장이 상무를 이길 수 없다. 을이 갑을 이길 수 없다는 생각을 한다. 정말로 힘없는 사람이 이길 수 없는 게 세상이라면 민주주의와 같은 제도는 필요 없을 것이다. 힘센 사람들도 민주주의를 울면서 겨자 먹기로 받아들였다. 아무리 힘세더라도 언제나 이길 수는 없다는 것을 뼈저리게 경험했기 때문이다. 그래서 내가 힘이 없으며 약할수록 최고의 소통법을 아는 것이 중요하다. 인간은 왜 타인 말을 듣지 않고서 제 갈 길만 갈까? 타인 말을 접할 때 우리 마음속에 장벽이 생기기 때문이다.

장벽의 실체는 무엇일까? 장벽만 해체하면 상대방이 내 말을 쉽게 듣게 할 수 있지 않을까? 마음의 벽은 우리가 흔히 생각하는 벽과는 정반대의 특징이 있기 때문이다. 지금 자신의 앞에 갑자기 길을 막는 벽이 있다고 해보자. 당신은 큰 망치를 가지고 있다. 망치로 때리면 벽은 부서지거나 약해진다. 만약 이 벽이 마음의 벽이면 어떨까? 그렇게 들이받고 부수며 나아갈 수 있을까? 아니다. 마음의 벽은 절대 부술 수 없다. 이는 물리와 심리의 차이에 기인한다. 세상을 움직이는 두 가지 원리가 있다. 물리와 심리는 서로 상반되는 성질을 갖고 있다. 물리적인 시멘트벽은 망치로 때릴수록 약해진다. 그렇지만 심리적인 마음의 벽은 정반대이다.

때리면 얼핏 부서질 것 같아 보이지만, 오히려 더 단단한 저항성을 갖춘다. 밀턴 에릭슨이 상대에게 자신의 말을 듣게 하는 방법으로 알려준 힌트는 발상 바꾸기이다. 말을 들어 달라고 하지 말고 상대방이 들을 기분이나 상태가 되게 유도하는 말을 하라는 것이다. 어떤 사람과 친해지고 싶다면, "나랑 함께해 줘. 나를 사랑해 줘. 나랑 친하게 지내줘."라고 말할 게 아니라 나와 있는 시간을 즐겁고 존중받는 느낌이 들게 만들어 줘야 하는 것이다. 우회를 회피나 시간 낭비로 생각하면 안 된다. 우회는 '포기하지 않고 추구하다.'라는 의미이다. 인간은 남의 뜻에 따라서 쉽게 움직이는 존재가 아니니까. 직진할 수 없다면, 돌아가는 게 답이다.

[소소한 말투 포인트]

물리적인 시멘트벽은 망치로 때릴수록 약해진다. 그렇지만 심리적인 마음의 벽
은 정반대이다. 말을 들어달라고 하지 말고 상대방이 들을 기분이나 상태가 되
게 유도하는 말을 하자!

27. 잘 듣는 사람은 이런 이득을 본다

'듣는 것은 가장 어려운 커뮤니케이션이다.' 이렇게 말하면 '그렇게 귀찮은 것을 굳이 왜 해야 하는 것일까.' 의문을 갖는 사람이 많은 듯하다. 그에 대한 대답으로는 '여러분이 말을 잘하기 위해서'이다. 말을 잘하기 위해서는 듣기보다 말을 많이 하는 편이 더 빨리 늘지 않나 하고 생각할 수도 있다. 그에 대해서 만담가인 산유데이 엔소가 다음과 같이 말했다. "듣는 것은 일생의 보물"이다. 들음으로써 얻는 많은 수확은 '일생의 보물'과 같다는 의미이다.

아래에 그 대표적인 예를 살펴보자.

1. 사람들이 좋아한다.

말을 열심히 들어주는 친구에게는 모두가 호의를 갖습니다.

2. 지식, 정보가 늘어난다.

모르는 건 부끄러운 일이 아닙니다. 물어보면 됩니다.

3. 상대에 대해 알 수 있다.

상대방을 알 수 있는 제일 좋은 방법으로는 상대의 말을 듣는 것입니다.

4. 내 이야기를 들려줄 수 있다.

그러기 위해서는 먼저 상대방의 말을 들어야 합니다.

5. 내가 성장한다.

마쓰시타 고노스케 씨는 마쓰시타전기 창업자로 '경영의 신'이라고 불린다. 《인생담의》에서 경영자의 첫 번째 갖추어야 할 조건으로 "사람들 의견을 잘 듣는 것"을 들었다. "배움이 없어 늘 누구에게나 겸허히 배움을 청해왔다. 그러한 결과로 오늘의 내가 있다."라고 말했다. '듣는 자세'를 통해서 지속적으로 자신을 고양하여 많은 사람에게 "고노스케 씨의 말을 듣고 싶다."라고 말을 듣게 된 것이다. 이제는 '잘 듣는 사람이 되면 말을 잘할 수 있게 된다.'라는 말의 뜻을 알 수 있을 것이다.

'잘 들어주는 법' 3가지!

1) 관심을 갖기

말을 하는 사람은 듣는 사람의 태도에 영향을 많이 받는다. 말하는 사람의 눈도 마주치지 않고 휴대폰만 보거나, 중간에 대화를 끊으려 하는 사람이 있다. 말하는 이는 진심을 꺼내 보이려고 하지 않을 것이다. 즉, 자기가 듣고 싶은 말만 듣고 나서 대화를 중단하는 일이 없도록 주의해야 한다. 대화 중 틈틈이 대화 내용을 간추려 상대의 말을 제대로 이해했는지 확인해 주는 것도 필요하다.

2) 함부로 예측은 금지

상대방의 말을 진심으로 들어줄 때는 상대가 이야기하는 것을 있는 그대로 들어준다. 자신이 듣고 싶은 말을 기준으로 하여, 말을 걸러서 듣거나 말을 미리 예측해서는 안 된다. 내용이 별것 아닌 것 같아 보이더라도 그 상황을 과소평가하는 행동도 좋지 않다.

3) 질문을 하기

대화의 주제에 깊게 파고들기 위해서 질문을 하는 방법이 있다. 상황을 객관적으로 보고 "어떻게 할 거야?", "너는 어떻게 생각하는데?" 등 질문을 던져라. 상대가 스스로 생각하여 해결방법을 찾을 수 있도록 유도하는 것이다. 이는 경청을 잘하는 사람의 행동이다.

공감적 경청하기

상대방의 마음에 일어난 것을 그대로 이해하기 위해서 적극적으로 듣는 것이다. 자신과 상대방의 심리가 동일화되는 과정이다.

공감적 경청 방법

상대의 말에서 드러나는 줄거리나 생각, 비언어적인 단서나 행동을 모두 수용한다. 즉, 어느 한 가지 요소에만 초점을 맞추고 듣는 것이 아니라, 모든 표현들을 그대로 수용한다.

1. 상대의 마음에 일어난 느낌과 욕구를 추측한다.
2. 마음 비우기 - 인정하기 - 끼어들지 말기 - 감정 살피기 - 반응 보여 주기(상대방의 눈을 보며 고개를 끄덕이거나 메모를 하며 듣는다.)

추측 방법

저도 그랬을 것 같아요.

~했겠구나.

누구나 그랬을 것 같아요.

~했으면 하는 마음이었나 봐요.

~한 것을 원하시나 봐요?

~가 필요했을 것 같아요.

~한 바람이 있었을 것 같네요.

공감적 경청의 효과

상대의 공감적 반응을 통해서 혼란스러운 자기모습을 정리하고 의지를 다질 기회를 제공한다.

상대가 말하기 어려운 점을 말하도록 경청하면서 대화의 길을 터주는 역할을 한다.

공감적 경청은 의사소통에 신뢰감을 형성하고 경청하는 최고의 대화로 이끌어준다.

우리가 평소에 잘못 알아듣는 일을 줄이기 위해서는 어떻게 해야 할까?

부모님 심부름으로 물건을 사러 간다고 가정해보자.

엄마: "알았지? 다시 한번 말해줄까?"

아들: "알고 있어요."

이렇게 자신만만하게 대답을 하고는 찌개두부가 아닌 부침두부를 사오자,

엄마: "그래서 다시 말해준다니까…."라며 결국엔 혼이 난다.

'그 정도는 한 번만 들어도 안다.'라고 생각을 했지만 깜빡 잘못 알아듣는 경우는 누구나 있다. 애써 부모님을 기쁘게 해 드리려고 했는데 낙담하곤 한다. 이런 잘못을 방지하는 방법은 아주 간단하다.

아들: "그러니까 두부 두 개죠?"
엄마: "그래, 찌개두부다."
아들: "알았어요. 찌개두부."

이처럼 상대의 말을 한 번 더 복창하고 확인하면 된다. 상대의 말을 복창하면서 듣는 방법을 '피드백'이라고 한다. 피드백을 확실히 하면 상대방의 말을 정확하게 들을 수가 있다. '무슨 일을 시켜도 안심'할 수 있는 신뢰를 받는다. 듣기도 적극적인 소통이다. 말하는 것은 자발적이고 적극적인 행동이며 듣는 것은 수동적이고 소극적인 행동이 아니다. 듣는 것은 말하는 것 못지않게 자발적이고 창조적인 과정이다. 말하는 사람은 정보만 전달하는 것이 아니고 감정을 함께 실어서 전달한다. 그 감정이 상대방에게 받아들여지고 공감 받는다고 생각할 때 상대에게 호감을 갖게 된다.

듣는 이는 상대의 말을 정확히 파악하며 듣는다. 열심히 듣고 있다는 것을 표정과 행동 등으로 보여주기 때문이다. 잘 들어주는 '경청'은 상대방을 스스로 한번 돌아볼 수 있게 만들어 준다. 잘 들어주는 사람과 대화하다 보면 문제 원인을 바깥에서만 찾지 않게 된다. 자신도 문제의 중심에 서 있는 것을 일깨워주고 문제 해결 접근 방법 자체를 바꿔준다. 책임감을 심어주고 갈등과 분쟁이 될 요소를 없애 주며 서로 존중하는 사회를 만들어 준다.

"듣는 것은 일생의 보물"이며 들음으로써 얻는 많은 수확은 '일생의 보물'과 같다. 말을 잘하기 위해서 우선 잘 들어야 한다.

28. 입장 바꿔서 생각하게 하여 이기심을 깨닫게 하라

입장 바꾸기 설득방법

"당신이 내 입장이라면 'YES'라고 할 수 있습니까?"

"당신이 나였다고 하더라도 아마 거절하지 않았을까요?"

도쿠가와 막부가 붕괴됐을 시기에 있었던 일이다. 도쿠가와 요시노부의 처우를 둘러싸고 대화를 나눴다. 막부의 관리인 야마오카 뎃슈와 관군 사이고 다카모리의 대화 내용이다. 애초에 사이고는 요시노부에게 할복을 포함해 엄격한 처벌을 내리기 바랐다. 야마오카가 동의를 할 리 없었다. 대화가 결렬로 끝나는 듯싶을 때, 야마오카는 다음과 같이 추궁했다.

"만일 시마즈 나리아키라 공이 살아남아 똑같은 처우를 받으면 당신은 순순히 인정할 수 있소?"

이 말이 사이고를 꼼짝하지 못하게 했다. 시마즈 나리아키라는 하급번사의 아들 사이고 다카모리를 발탁한 주군이었다. 사이고에겐 '목숨을 바쳐도 아깝지 않은' 인물이었다. 야마오카는 나리아키라를 '참수', '할복'시켜도 그러한 요구를 받아들일 수 있느냐고 물은 것이다. 야마오카는 지금의 자신이 그런 입장이라며 사이고를 이해시켰다. 요시노부에게는 미토에서 은거하는 가벼운 처분으로 끝낼 수 있었다. 상대방이 강경한 태도를 취했을 때에는 야마오카 뎃슈의 방법을 따라 하면 된다.

"만약 당신이 내 입장이라면 'YES'라고 말할 수 있겠습니까?" "저의 입장도 조금 고려해 주세요." 대부분 사람들이 자기의 입장과 형편만 생각한다. 상대방에 대해서는 거의 고려를 하지 않는 게 일반적이다. "만일 당신이 내 입장이라면 어떻겠습니까?"라며 상기시켜보자. 입장을 바꿔 놓고 생각하며 자기가 얼마나 이기적으로 요구를 강요하려 했는지를 깨닫는다.

오하이오 주립 대학교의 로버트 번크랜트(R. E. Burnkrant)는 다음과 같이 말해야 한다고 했다. 상대를 설득할 때는 '자신의 입장으로 바꿔' 생각하게 하는 방법이 효과적이라고 설명했다. 우리는 생각하는 계기가 주어질 때까진 상대방의 입장을 알 수 없다. 상대가 얼마나 괴로워하는지, 불쾌한지는 고려하지 않는다. 그러므로 온화한 말로써 "만약 당신이 내 입장이라면 어떻겠습니까?"라고 질문을 해보자. 이 방법은 상대방에게 나의 입장을 자각하게 하는 데 효과적이다.

개호(곁에서 돌보아 줌.)에 관해 공부하는 사람은 일부러 자기의 몸을 구속하는 도구를 단다. 몸을 움직이기 어려운 상태로 생활을 하는 훈련을 받는다고 한다. 그들은 구속 도구가 달려 있어 생각처럼 걷거나 일어설 수 없는 상태를 경험한다. 그 후 '장애가 있는 사람은 굉장히 불편하겠구나.'라며 깨닫는다. 그런 체험을 해 봐야만 장애인을 진심으로 돌볼 수 있다.

누군가가 어려운 주문을 했을 땐 그건 좀 어렵다는 걸 상대에게 이해시키자. 이기적인 생각을 하는 상대에게 "당신이 나였더라도 거절하지 않을까요?"라며 완곡히 전달하자. 공감 능력이 거의 없는 사람이라면 자기의 형편을 주장할 수도 있다. 그렇지만 대부분 사람들은 자신이 무리한 말을 하고 있다는 것을 깨닫지 않을까?

입장 바꿔서 생각하고 말하기

"내 입장에서 한 번쯤 생각해 봐!" 말싸움에서 자주 등장하는 말이다. 상대방이 오로지 자기 입장만 생각하며 이기적으로 말할 때가 있다. 그럴 때 '다른 사람의 처지에서 생각하라.'라는 뜻의 '역지사지'가 저절로 떠오른다. 호감 가는 말하기를 하는 사람들의 경우 이 역지사지를 정말 잘한다. "정말로 속상했겠다.", "나였어도 힘들었을 것 같아." 등 상대의 입장을 생각하고 말하기 때문에 상대의 기분을 상하게 할 일이 별로 없다.

이들의 이런 말하기 습관을 일상 속에서 역지사지가 필요한 때에 따라 해보는 것은 어떨까? 화나는 일로 전화 상담을 할 때 아무런 잘못이 없는 상담원한테 화풀이하지 않는 것 먼저 말이다. 한국지엠에서는 2017년부터 통화연결음을 바꿨다고 한다. 그 이유는 고객들이 상담원의 입장을 잘 이해하도록 하기 위해서라고 한다. "착하고 성실한 우리 딸이 상담을 드릴 예정입니다." "사랑하는 우리의 누군가의 가족일 수 있습니다." 나랑 통화를 할 사람이 누구인지가 상상 가기 때문이다. 듣기만 해도 상대방 입장을 이해할 수 있는 마음이 들기 쉬운 통화연결음이다.

입장과 처지를 바꿔 놓고 생각해 보는 역지사지는 상대에 대한 배려의 자세이고 상생의 정신이다. 역지사지는 내가 옳고 상대가 틀렸다는 것을 입증하려는 목적이 아니다. 상대의 옳음을 발견하려는 것이어야 한다. 즉,

상대의 눈에 비친 자신을 보기 위한 것이다. 상대방 주장에 공감을 하기 위한 내 마음의 준비 과정이다.

제자인 자공이 공자에게 물었다.

"평생을 두고 실천할 만한 한마디의 말이 있습니까?"

공자가 대답했다.

> 子曰 其恕乎 己所不欲 勿施於人
> (자왈 기서호 기소불욕 물시어인)
> "그것은 바로 서(恕)이다.
> 자신이 원치 않는 일은 남에게도 시키지 말라."

논어에 나온 이 문장이 인간관계에 황금률이라고 할 수가 있다.

여기에서 '서(恕)'는 같을 여(如) + 마음 심(心)이 결합된 한자이다.

내 마음을 통해서 다른 사람의 심정을 이해한다는 관용과 배려의 뜻으로 역지사지와 같은 의미이다.

이솝 우화 중에는 여우와 두루미 얘기가 있다.

여우의 생일에 초대된 두루미는 뾰족한 부리로 여우가 놓은 접시에 놓인 음식을 먹을 수가 없었다. 다음 날 두루미는 여우를 자기 집으로 초대해 입구가 좁은 호리병 속에 음식을 대접했다. 이번에는 여우가 음식을 먹지 못했다. 나중에는 여우와 두루미가 자신에게 맞는 접시, 호리병에 담긴 음식과 함께 즐거운 식사를 한다. 이야기는 역지사지 가르침을 비유적으로 전하고 있다. 여우와 두루미의 경우처럼 상대방의 서로 다른 겸을 인정하고 배려해야 한다는 내용으로 말이다. 역지사지를 할 때는 상대가 처한 상황뿐만 아니라 상대의 감정이나 마음까지 생각을 해봐야 한다. 상대방의 입장에서 마음을 이해하게 되면 불필요한 오해나 편견들이 해소되어 화도 덜 내게 된다.

괴로움과 섭섭함도 덜하게 되고, 자기주장만 일방적으로 강요하는 일도 줄어들 것이다. 역지사지를 한다는 게 말로는 쉬우나 실천하기가 어려운 게 현실이다. 상대가 나를 이해해주기는 바라면서 내가 상대방을 이해하려는 노력을 별로 하지 않는다. 자신은 이미 상대를 잘 알고 있다며 자만하기 때문에 그런 것이다. 상대방에게만 역지사지를 강요하고 자기 행동을 정당화시키는 건 이기적인 추태에 불과하다. 사회적으로 공분을 사는 을에 대한 갑의 횡포 등 상황 역시 그렇다. 입장을 바꿔서 생각할 줄 모르는 자기중심적인 사고의 결과이다. 상대를 생각하는 것은 결국에 자기를 되돌아보는 일이다.

내가 좋아하는 것과 옳다고 믿는 것만이 정답일 수는 없다. 각자가 처한 상황, 지내온 환경에 따라서 사람들의 생각과 판단이 다를 수 있음을 인정해야 한다. 서로 다른 가치관에 대한 관용, 배려와 포용성이 발휘될 때 개인이 더욱 성숙해진다. 사회는 살 만한 세상이 될 것이다.

[소소한 말투 포인트]

호감 가는 말하기를 하는 사람들은 역지사지를 정말 잘한다. "정말로 속상했겠다.", "나라도 많이 힘들었을 것 같아." 등 상대의 입장을 생각하고 말을 꺼내자!

29. 텐프렙의 법칙을 사용하면 어떤 이야기든지 알기 쉽게 설명할 수 있다

설명의 '포착'이 가능해졌으면 이제 구체적으로 문장을 만들어보자. '알기 쉬운' 설명을 못하면 포착한 내용도 무용지물이라는 점을 명심해야 한다. 지금부터는 전달하는 방법의 '공식'에 대해서 설명하려고 한다. 이 공식을 사용하면 어떤 경우에서도 자신이 전달하고 싶은 내용을 정리해 말할 수 있다. 전달 방법 절대 법칙, '텐프렙의 법칙'(사단법인 교육커뮤니케이션협회 저작권 소유)이 그것이다. 정보를 정리할 때 상대가 말을 이해하기 쉽게 만드는 '순서'이다.

구체적으로는 다음에 나오는 1~6단계에 따라서 순차적으로 설명할 내용을 만들어 가면 된다. 이 법칙을 따르면 어떤 복잡한 주제이더라도 알기 쉽고, 간단하게 정리를 할 수 있다.

1단계: 이야기 주제(Theme) 전달

말의 주제를 서두에서 전달하기

"이제부터 ○○에 대해서 이야기하겠습니다."

"○○에 대해서 상의하고 싶습니다."

2단계: 하고 싶은 이야기의 수(Number) 전달

하려는 이야기가 몇 가지인지 전달하기

"오늘 말씀드릴 이야기는 두 가지입니다."

"포인트는 한 가지로 요약됩니다."

3단계: 이야기 요점, 결론(Point) 전달

하려는 이야기의 핵심, 요점을 전달하기

"결론부터 말하면 ○○입니다."

4단계: 결론이 옳다고 할 수 있는 이유(Reason) 전달

"결론부터 말씀드리면 ○○입니다. 그 이유는 XX입니다."

5단계: 구체적인 예(Example) 들기

'결론'을 보충하기 위해 구체적 예를 제시한다. "예컨대 이런 경우가 있습니다. (그러니 이 결론이 옳습니다.)"

6단계: 요점, 결론(Point) 반복해서 끝맺기

마지막으로 '요점, 결론'을 반복한다.

"따라서 이번에 전달하려고 하는 내용은 ○○였습니다."

이상이 알기 쉽도록 전달하는 공식 '텐프렙의 법칙'이다.

각 요소(주제와 수, 요점 및 결론, 이유와 구체적 예, 요점과 결론 반복)를 영어로 표현한다. 각 단어의 머리글자(TNPREP)를 일본식으로 읽은 것이 '텐프렙'이라고 하는 이름이다. 이 법칙은 어떤 주제에도 사용을 할 수 있다. 뿐만 아니라 상대방을 이해시키며 설득하기 위해 필요한 요소들이 모두 담겨 있다. 상황 설명을 할 때나 발생한 사건을 정리할 때 이유(4)와 구체적 예(5)가 필요하지 않은 때도 있다. 그런 경우에도 생각하는 방식은 같다. 상황을 이해시키기 위해서 우선 자기가 전달하려는 '결론'부터 말하자. 그다음 상황을 상세하게 설명하면 된다.

처음에 연습할 때는 이것을 옮겨 적은 메모를 보면서 설명할 내용을 적어 보기를 권한다. 그 후에 다른 사람에게 이야기해보자. 처음에는 어색하게 느껴질지도 모른다. 몇 번씩 연습을 하다가 보면 자연스럽게 텐프렙의 법칙에 따라서 이야기를 진행할 수 있다. 이야기를 짧고 쉽게 전달하기 위해서는 어떻게 해야 할까? '주제(무엇에 대해 이야기할 것인지) 전달하기'에 대해 생각해야 한다. 어떤 일이든 우선 주제를 전달해야 한다. 처음에 '주제'를 전달하고 이야기의 전체적인 그림을 알려준다. 듣는 사람이 '머릿속에 준비'하게끔 한다. '앞으로 이런 얘기를 하겠군.' 하고 예상을 하게 만들면 이야기의 전달력은 훨씬 향상된다.

이야기 주제를 전달했으면 그다음에 '수'가 중요하다. 이야기에서 중요 포인트가 몇 개인지 전달하는 것이다. "오늘은 세 가지를 말씀드리고자 합니다."라는 식의 문장을 회의장이나 발표장에서 접한 적이 있을 것이다. 이야기를 정리해서 듣게 하고, 중요 포인트를 정리하기 쉽도록 요점이 몇 개인지 '수'를 말하자. "중요한 요점은 세 가지입니다." "오늘 논의할 것은 두 가지입니다."와 같은 식으로 수 전달을 하면 상대는 이야기의 전체상을 파악한다. 머릿속으로 정리하면서 이야기를 들을 수가 있다. 이 점이 포인트이다.

이전에 내 강의를 들은 사람들 중 남 앞에서 이야기할 때 극도로 긴장한다는 분이 있었다. 이해하기 쉽게 설명하는 방법을 아무리 알려줘도 그는 잘 적용하지 못했다. 자기소개를 하는 것만으로도 진땀을 냈다. 설명 방법이 왜 잘 안 되는 것인지를 관찰하면서 그가 '수를 의식하지 않는'다는 것을 알게 됐다. 그러니 하려던 이야기를 계속 빠뜨리게 된다. 결국 그의 초조함은 커지고 더 긴장하여, 이야기는 점점 산으로 가버리고 말았다.

주제와 수를 전달하고 상대방이 이야기 들을 준비가 되었다면 바로 '결론'을 말하자. 결론을 얘기했다면 '결론'이 도출된 '이유'와 '구체적 사례'를 이야기하면 설득력이 커진다. 여기에서 말하는 '이유'는 설명하는 '결론'의 근거를 뜻한다. 텐프렙의 법칙은 프레젠테이션 영업이나 미팅 회의석상의 발표 시 활용할 수 있다. 보고서 작성 등의 비즈니스 커뮤니케이션에서도 활용된다.

EX)

어제 휴가인 박 주임님 앞으로 클레임 전화가 와서(T주제) 대신 받았습니다.

두 가지의 대응책(N수)을 생각하고 있는데 의논이 필요합니다. (P결론)
박 주임님이 오늘도 유급휴가 중이기 때문입니다. (R이유)

내용은 A상품을 구매한 고객이 환불과 반품 요청하는 건이었습니다.

뚜껑이 열리지 않는다고 하네요. (E구체적 예)

관리부에 대응을 부탁하면 될까요? 아니면 고객에게 반품하시라고 할지 알려 주십시오. (P결론반복)

T: '클레임' 주제부터 들어간다.

N: 하고자 하는 이야기의 수에 대해서 말한다.

P: 결론을 말한다.

R: 상의하는 이유를 이야기한다.

E: 구체적 사건을 말한다.

P: 결론 확인을 한다.

어떤가? 이렇게 이야기 정리가 되어 있으면 짧은 시간에도 개요가 머리에 잘 들어온다. 텐프렙의 법칙은 매우 간단한 '틀'이나 그 효과가 매우 뛰어나다. 내용을 쉽게 이해할 수 있도록 해주기 때문이다.

사용할수록 점차 더 능숙해지므로 회의 시 발언할 기회가 있으면 꼭 시도해볼 만하다. 보고서와 메일을 쓸 때도 텐프렙의 법칙에 따라서 구성되어 있는지 살펴보자. 이해하기 쉽게 설명하면 상대의 반응도 확연히 달라진다. 누군가 이야기를 집중해서 듣고 납득을 해주는 경험을 통해서 자신감도 얻을 수가 있다. 그 자신감이 당신의 설득력을 더욱 높여줄 것이다.

전달 방법 절대 법칙, '텐프렙의 법칙'을 사용하자. 상대방이 이야기를 이해하기가 쉽도록 만들면 그러한 경험을 통해서 자신감을 얻고, 자신감은 당신의 설득력을 높여줄 것이다!

30. 모임에서 대화 잘하는 법

대화를 위한 사교 모임의 범위는 아주 다양하다. 친구들과 어울려서 저녁을 같이하는 것처럼 작고 편안한 모임이 있다. 결혼식과 동문회와 같은 행사도 있다. 칵테일파티처럼 여러 사람들이 모이는 자리도 있다. 칵테일파티는 쉽지 않은 도전이다. A는 한 사람씩 대화를 할 때에 가장 편안함을 느낀다. 칵테일파티에는 약간 위압적인 분위기가 흐르며 많은 사람이 모여 있어서 소란스럽기 마련이다.

A는 술을 마시지 않고 음료도 크게 즐기는 편이 아니다. 손에 잔을 들고 있는 경우는 거의 드물다. 남들이 모두 잔을 들고 있을 때에 빈손으로 있는 것은 여간 어색한 일이 아니다. 그래서 팔짱을 끼는 버릇이 있다. A로서는 편해서 그렇게 하는 것이지만 타인은 상대를 경계하고 있는 것으로 오해할 수도 있다. 이런 자리에서는 모임의 규모에 위축되지 말아야 한다. 일대일로 대화를 나눌 만한 상대를 찾아보는 게 좋다. 주위에서 일어나는 일들에 흥미를 나타내는 사람들과 얘기하는 것도 좋다. 이미 재밌게 대화 나누고 있는 그룹에 슬며시 합류하는 것도 괜찮다.

한 가지로 기억할 것은 한자리에만 오래 머물지 않도록 하라. 칵테일파티에서 자신을 성공적으로 내보이기 위해선 여러 사람들과 함께 어울리는 것이 중요하다. 그런 파티는 당신이 주로 알고 있는 이웃이나 직장 동료들이 참석한다. 또는 같은 분야에서 일을 하는 사람들도 참석할 것이다. 그러한 모임에 참석할 때에는 대화에 필요한 몇 가지 소재들을 준비하고 있어야 한다.

상대방의 관심사에서 대화의 소재를 찾자.

일본의 영화감독 기타노 다케시는 우리나라를 예로 들자면 박찬욱 감독 정도로 유명하다. 자신의 대화법을 밝혔다. "저는 대화를 할 때에 상대에게서 소재를 찾아냅니다. 요리사라면 요리에 대해, 운전사라면 운전에 대해서 찾습니다. 재미도 있고 배울 것도 있습니다." 좋은 대화를 위해서는 처음부터 상대방의 소재에서 함께 이야깃거리를 찾아내는 것이 좋다. 영화를 좋아하는 사람이면 영화에서, 스타일이 좋은 사람이면 패션에서 찾는다. 상대의 소재와 자기 관심사의 중간 지점을 찾아보는 것이다. 자꾸 해봐야 늘고 의외로 제법 있다.

말을 하다가 보면 머리가 하얗게 변하는 경우가 있다. 무엇부터 말해야 할지, 무슨 내용을 말해야 할지 막막한 경우도 많다. 이럴 때 우리에게 필요한 것은 바로 조리 있게 말하는 능력이다. 그러면 조리 있게 말하는 사람은 어떤 특징이 있을까. 조리 있게 말하는 사람들은 무엇을 말할지 말할거리를 잘 찾아낸다. 여러 모임에서 자기소개를 시켜보면, 자신에 대해서 일목요연하게 소개하는 사람들이 있다.

반면 이름만 말하고 나서 별말이 없는 사람들도 있다. 그러다가 사회자가 현재 하는 일과 모임에 참석한 이유 등을 물어보면 잘 대답을 한다. 자신에 대해 말할 거리가 많은데 미리 준비를 못 했기 때문에 할 말이 없어지는 것이다. 말할 거리를 잘 찾아내는 사람들이 있다. 이들은 사회자의 추가 질문 없이도 하는 일, 모임 참석 이유 등을 스스로 잘 말한다.

이야기할 순서를 알고 있는 사람.

이야기할 거리를 잘 골라 말한다고 하더라도 횡설수설하거나 동어반복을 하는 경우가 있다. 무엇부터 말할지 순서를 잘 생각하고 말을 하면 내용에 대해서 빠짐없이 말을 할 수 있다. 같은 말을 반복하거나 어디까지 말했는지 머리가 하얘지는 것을 예방할 수 있다. 말을 잘하는 사람들도 가장 부족한 부분이 말의 마무리를 잘 짓는 것이다. 처음에는 유창하게 말을 잘한다. 나중에 마무리 지을 때쯤 어떻게 마무리 지을지 몰라서 횡설수설하며 끝내는 경우가 있다. 흐름이 뚝 끊기거나, 용두사미가 되는 경우도 있다. 할 말이 다 끝났을 경우는 "제 발표는 여기까지 입니다. 고맙습니다." 등 준비된 문장으로 마무리를 지으면 된다.

'전체→세부→나의 생각' 말하기

텅 빈 방에 많은 물건들이 어지럽게 흩어져 있으면 무엇부터 치워야 될지 막막하다. 정리할 상자만 있다면 깔끔하게 정리를 할 수 있다. 조리 있게 말을 하는 방법은 우선 머릿속 정리를 하는 것부터 시작한다. 머릿속에서 '소개, 전체 스케치, 세부 스케치, 자기 생각, 마무리'라는 5개의 상자를 만들자. 모든 내용을 5개의 상자 안에 넣어 생각을 정리할 것이다. 말을 할 때에는 5개의 상자 순서대로 내용을 꺼내 말하는 것이다. 이렇게 매번 상자는 동일하되 주제에 따라 내용만 바꿔가는 연습을 한다. 그렇게 하다 보면 조리 있게 말하기의 기본적인 체계를 잡을 수 있다. 조리 있게 말하기 실습은 익숙한 주제 '영화소개'를 해본다.

다음과 같은 순서로 최근에 본 영화를 소개해 보자.

1. 소개하기: 저는 최근에 〈82년생 김지영〉이라는 영화를 봤습니다.

2. 전체스케치: 〈82년생 김지영〉은 현대 여성으로서 살아가는 모습을 그렸습니다. 그러한 과정에서 벌어지는 여성의 우울증과 직장 및 가족이야기를 담은 영화입니다.

3. 세부스케치: 주인공이 갑자기 다른 사람으로 빙의 되는 장면이 나올 때 인상적이었습니다. 특히 남편은 그 사실을 알고 있었지만, 상처와 충격이 될까봐 미처 말하지 못합니다. 혼자 속앓이하는 장면이 나옵니다.

4. 나의 생각: 〈82년생 김지영〉에서는 현대 여성들의 우울증으로 내용이 전개됩니다. 육아와 가족들 간에 스트레스와 육아휴직에 대해 현실감 있게 사회구조를 잘 다룬 것 같습니다. 인물 간의 속앓이하는 심리묘사가 잘 표현되었습니다. 가족애를 느낄 수 있었습니다.

5. 마무리: 스토리가 잔잔하지만 심리묘사가 잘된 가족영화를 원하신다면 꼭 보시기 바랍니다.

처음에는 많이 더듬거릴 수도 있다. 차근히 생각을 하며 말하는 훈련을 하면 조리 있게 말을 하는 체계를 잡을 수 있다. 영화, 책이나 연극 등의 문화 매체를 말하기 5단계 프로세스로 표현하는 형식을 익혀보자.

확신을 버려라

"남자는 군대를 다녀와야 돼." "○○는 그런 사람이 아니야." "거기는 맛집이 아니지."라면서 늘 확신에 찬 어조로 말을 하는 이들이 있다. 자기는 다 안다고 생각하면서 더 괴로운 건 사소한 이슈에도 늘 자기주장을 내세운다는 점이다. 대화라는 건 서로 생각을 나누는 행위이다. 생각을 나누기 위해서는 마음이 열려 있어야 된다. 개인적으로 "저는 잘 모르지만"으로 말을 시작하는 것만큼 매력적인 게 없다.

[소소한 말투 포인트]

"상대의 관심사에서 대화 소재를 찾자." 모임에 참석을 할 때는 대화에 필요한 몇 가지의 소재를 준비하고 있어야 한다.

31. 재치와 유머 감각은 이야기의 꽃

모임에 가면 우리는 유머와 재치가 있는 사람에게 끌린다. 오랫동안 관찰 끝에 재미있는 사람들의 비밀을 밝혀냈다. 그들이 보통 내뱉는 첫마디는 유쾌하고 특별하다. 상대를 첫마디로 사로잡으면 그 사람을 집중시킬 수 있다. 더 많은 매력을 발산해서 상대방을 매료시킬 수 있다. 며칠 전 친구의 생일파티에 초대받아 간 적이 있었다. 거기서 눈길을 끄는 A 여성이 있었다. 그녀 주위를 둘러싼 사람들한테 쉬지 않고 유쾌한 웃음소리가 들렸다. 그중의 한 사람이 A에게 아직 싱글이냐며 묻자 그녀는 이렇게 대답했다.

A: "저처럼 단점 많은 사람은 단점이 하나 없는 남편을 찾아야겠죠? 그래야 보완될 테니까요."

그녀를 둘러싼 사람들은, 특히 여자들은 그녀가 '헛된 꿈'을 꾸고 있다며 웃으며 말했다. (아마 다들 속으로 '꿈도 크셔!'라고 생각했을 것이다.) 그러자 그녀가 대답했다.

A: "저는 젊고 돈도 많고 마음이 넓고 쿨한 남자를 원해요. 거기에 다정하고 매

력도 넘쳐야 하죠." 그녀의 말에 남자들은 모두 고개를 저었다. (아마도 '그럼 외계인 중에 찾아보세요.'라며 생각했을 것이다). 그러자 그녀는 잠깐 말을 멈추더니 한마디를 더했다.

A: "그래서 제가 여태 혼자잖아요!"

이 말에 사람들은 웃음을 터뜨렸다. (사람들은 '이제야 상식에 맞는 얘기를 하는군.'이라고 생각했을 것이다. 호탕하고 밝은 그녀의 표정을 보면서 사람들은 그녀가 참 솔직하다는 사실을 인정했다. 사실 누군들 완벽한 배우자를 만나고 싶지 않겠는가.)

사람들은 좀 전에 그녀의 눈이 높다고 오해를 한 마음을 내려놓았다. 그중의 한 명이 A에게 계속 말을 걸며 평소에 즐겨 하는 일에 대해서 물었다. A가 한 번 더 재치 있게 대답했다.

A: "그래서 저는 모든 에너지를 회사 제품 개발에만 쏟고 있어요. 완벽히 만들어낸 제품은 말을 잘 따라주고, 밥하고 빨래해 달라, 애 낳아 달라고 말하지 않거든요."

그녀의 말이 끝나기가 무섭게 그 자리에 있던 사람들이 박장대소를 터뜨렸다. 그 후 사람들은 먼저 그녈 찾아가서 인사를 나누었다. 같이 일을 해 보는 건 어떻겠냐며 제안하는 사람도 있었다. 그녀는 그날 행사의 '스타'가 되었다. 파티에 참석한 거의 모든 사람들이 그녀와 인사 나누고 얘기하고 싶어 했다. 말하기 기술의 관점에서 봤을 때 사람을 끌리게 말할 줄 아는 사람이다. 시시하고 평범한 화제에 재미를 더해서 흥미롭게 풀어

내었기 때문이다. 그녀는 솔직하게 자신을 소개하면서도 자기에 대해 정보를 군더더기 없게 알려주었다. 농담과 자기 희화를 통해서 사람들의 마음을 움직였고 일상화제로 자신을 알아가게 만들었다.

사람들이 하나둘 관심을 보이자 자기의 직업을 소개했다. 딱딱한 화제가 될 수도 있는 일에 대한 이야기는 좀 전에 얘기했던 주제들과 연결시켜 말했다. 자연스럽게 정보를 이어주며 깊은 인상을 남겼다. 자유자재로 이야기를 이끌어 가면서 사람들에게 계속 대화 나누고 있다는 느낌을 주었다. 실제로 그녀는 자기의 '1인 브랜드'를 성공적으로 홍보한 셈이었다.

재미있는 친구들을 많이 사귀고 대화를 나누고 싶다면 질문과 재미와 유머를 가미해보자. 먼저 자신과 다른 사람 사이 있을 수 있는 평범한 이야깃거리들을 질문으로 만들어내야 한다. 질문에 상대가 대답하는 과정에서 관계가 가까워지며 자신을 재치 있게 드러낼 수가 있을 것이다. 재치 있는 말 한마디는 상대에게 재미를 주고 호감을 얻어 어디서든 환영받는다. 유머와 재치가 넘치는 사람이 있으면 사람들은 그와 함께 대화하는 것을 좋아하고 호감을 갖는다. 성공한 사람을 보면 재치와 유머가 넘치는 걸 볼 수 있다. 즉 재치와 유머는 성공하는 데에 영향력을 많이 발휘한다. 작은 행동과 짧게 나눈 대화에서 느껴지는 감정은 그 사람의 이미지를 결정한다.

미국의 역대 대통령 중 유머를 잘 구사한 인물들은 링컨과 레이건을 꼽는다. 재치와 순발력 있는 링컨의 스피치가 높은 평가를 받고 있다. 링컨이 라이벌인 더글라스와 상원의원 합동선거 연설에서 보여주었던 말솜씨는 계속 회자되었다. 더글라스가 먼저 연단에 올라서 열띤 목소리로 말했다. 링컨이 지난날 경영한 식품 가게에서 금주 시대인데도 술을 팔았다며 꼬투리 잡았다. 링컨이 멋진 스피치로 답을 했다.

링컨: "더글라스 후보가 말한 모 후보는 분명히 본인입니다. 그분이 말한 것은 분명 사실입니다. 그러나 더글라스 씨는 저희 가게를 많이 이용했던 고객 중 한 분이었습니다. 그 후에 전 그 술집을 그만두었지만 더글라스 씨는 여전히 그 가게를 드나들고 있습니다."

통렬한 반박이었다. 술을 파는 것이 잘못이면 그 술을 사 먹는 사람도 잘못인 것이다. 더글라스는 얼굴이 벌겋게 달아오르면서 링컨은 '두 얼굴의 이중인격자'라며 퍼부었다. 링컨이 차분한 어조로 이렇게 말했다.

링컨: "더글라스 후보께서 제게 두 얼굴을 가졌다고 했는데요, 잘 생각해 보십시오. 제가 두 얼굴을 가지고 있었다면 오늘같이 중요한 날에 이 못생긴 얼굴을 하고 왔겠습니까?"

그의 말에 사람들은 박장대소했다. 링컨은 재치와 유머로써 상대의 인신공격을 오히려 기회로 활용하는 리더 모습을 보여준 것이다.

스피치 대통령 하면 오바마 전 대통령을 빼놓을 수가 없다. 논리적이면서 재치 있는 그의 말은 단연 으뜸이다. 오바마 전 대통령은 백악관 로즈가든에서 오바마 케어의 필요성을 강조하는 연설을 했었다. 약 20분간 진행되었을 무렵 대통령 바로 뒤편에 서 있던 임신한 A 여성이 비틀거렸다. 오바마 전 대통령은 사태를 파악하고 연설을 멈추고 그 여인에게 손을 내밀었다.

오바마 전 대통령: "괜찮아요. 제가 당신을 잡았어요."라고 안심시켰다. 그 여성을 다른 사람이 부축하는 것을 보고 오바마 대통령이 말했다. "제가 말을 길게 하면 이런 일들이 꼭 벌어집니다."라는 농담을 건네면서 어색해진 연설장 안을 부드럽게 만들었다. 연설은 5분 뒤에 끝났다.

백악관 의료진의 응급처치를 받은 여성은 자신의 트위터 계정에 본인을 소개하였다.

A 여성: "나를 잡아준 대통령에게 감사한다. 임신한 당뇨병 환자가 이렇게 좋을 수가 세상에"

오바마 전 대통령의 재치로 인해 첨예한 건강보험 제도 논란을 일순간에 호의적으로 이끈 것이다. 배우자의 조건 중 유머가 많은 사람을 선호한다고 한다. 개그맨들 배우자를 보면 모두 미인들이다. 이처럼 유머는 배우자 선택조건의 경쟁력이 있다고 할 수 있을 것이다. 많은 사람들은 재미있게 말하기를 원한다. 재미있게 말을 할 수 없다고 스스로 단정 짓는 사람들이 있다. '내 성격상 남을 잘 웃기지 못해.' '유머는 타고나는 것 같아.'라며 유머는 특정한 사람들이나 잘한다고 생각한다. 순발력이 있어야 되고 말을 잘해야 된다는 선입견을 갖고 있다. 이들의 특징은 유머를 시도하려고 하지 않는다는 것이다. 유머를 시도하더라도 스스로 어색해한다.

유머는 인간이라면 다 가지고 있다. 웃을 수가 있는 것은 유머 포인트를 아는 것이다. 노력이 필요하다. 다음 몇 가지 방법만으로 말을 재미있게 할 수 있다. 우선 자신이 즐거운 마음을 가져야 한다. 즐거울 때 누군가를 만나면 말하고 싶어지고 내가 즐거우니 말을 즐겁게 하게 된다. 내용이 즐거워서가 아닌 그 사람의 표정과 몸짓, 밝은 목소리 등에서 재미를 느끼는 것이다. 더 나아가서 평소 밝은 얼굴을 만들기 위해 노력을 하자. 거울을 보고 표정을 지어보면서 자기의 매력적인 표정을 만들어보는 것이다. 다음으로 유머는 타이밍을 잘 포착해야 된다. 웃어야 할 타이밍에 들어가는 순발력이 있어야 한다.

타이밍을 어떻게 맞출 것인가? 느낌으로 알 수가 있다. 느낌은 상대와 온전히 대화에 빠졌을 때 몸으로 아는 것이다. 마지막으로 평상시에 재미있는 유머에 관심 가지고 활용을 해 보려고 노력을 해야 한다. 말을 할 때 즐겁게 말하는 습관을 길러야 된다. 웃음은 신이 인간에게 준 선물이다. 웃음을 일으키는 유머가 스트레스, 불안과 긴장을 완화시켜 준다. 건강한 생활을 하는 데 필요하다. 유머는 상대에게 호감을 주고 자기감정을 표현하는 최고의 수단이다. 유머를 두려워 말고 도전해 보자. 두려워만 한다면 웃음은 오지 않는다. 유머를 잘하고 싶거든 실패와 좌절을 두려워하지 말고 시도할 때에 함박웃음이 찾아올 것이다.

[소소한 말투 포인트]

평상시 재밌는 유머에 관심을 갖고 활용하려고 노력을 하자! 말을 할 때는 질문
과 재미와 유머를 가미해보고 즐겁게 하는 습관을 기르자.

32. 기분 상하지 않게 반대 의견 말하는 법

내 지인 중 A 씨는 참 유능했지만 함께 일을 하는 동료들에게는 신망을 얻지 못한 사람이었다. 가장 큰 문제는 그의 말버릇이었다. 그는 무슨 말을 하더라도 "아니 그게 아니라…"라며 말문을 열었다. 당사자에게는 별 의미가 없는 말버릇일지 모른다. 그렇지만 듣는 사람들의 입장에서는 자신의 의견이 한 번 부정당했다는 느낌을 준다. 잘못 말한 부분이 있어서 바로잡아 주는 것이라고 하더라도 머쓱해지고 무안하다.

이 말버릇의 더 큰 문제는 그가 하려는 말도 표현만 약간씩 다르고 결국 상대와 같은 의견이다. A 씨와 대화를 하는 사람들은 "그래, 내 말이 바로 그 말이야.", "결국 내가 하려는 말이랑 같은 의견이잖아."라는 말을 반복해야 했다. 이러한 이유로 동료들은 A 씨의 능력을 인정하면서도 같이 일하기는 싫은 사람이라고 말했다. 그렇지 않겠는가. 어떤 말이든지 '너는 틀리고 내 말은 다 옳다.'라는 식으로 대응을 하니 말이다.

듣자마자 자존심이 상하는 표현

일단 상대의 말을 받아 주는 게 먼저다. 소통의 기본인 상대 입장 받아들이기 후에 자기의 생각을 전달하는 것이다 상대의 의견에 백 퍼센트 동의를 할 수 있든 없든 무슨 의도로 말하고 있는지 잘 듣는 게 먼저다. 만약 상대와 다른 의견을 가지고 있거나 자신의 의견을 덧붙이고 싶다면 이런 표현을 사용하자. '즉', '곧', '요컨대' 같은 말을 사용하는 게 좋다. "요컨대 마케팅을 할 때 SNS를 적극적으로 사용하는 것이 좋다는 의견이신 거죠. 하지만 제 경험으로는 상품 성격에 따라서 효과가 조금씩 달랐습니다. 예를 들면……" 이런 식으로 상대의 말을 받아 주며 의견을 말하면 긍정적 반응을 끌어낼 수 있다.

당신의 말이 틀려서 다른 의견을 이야기하는 게 아니다. 더 좋은 결과를 얻으려고 추가적으로 의견을 보탠다는 인상을 주게 된다. '당신이 하는 말을 이해했다.'라는 의미를 표현하면 상대가 나를 부정한 것은 아니라는 느낌을 준다. 분위기를 부드럽게 만든다. "SNS 마케팅에 대해서 잘 모르시는 것 같군요. 제 경험으로는 상품에 따라서 효과가 달라 무조건 SNS에만 의존해서는 안 됩니다." 같은 의견이라도 이런 식으로 말을 꺼내면 반대했다는 인상이 더 크다. 새로운 의견은 귀에 전혀 들어오지가 않는다. 결과적으로는 감정만 상할 뿐이고 발전적인 대화를 할 수 없다.

사람은 얻되 생각은 더 뾰족하게

기분이 나쁘지 않게 반대 의견을 말하는 기본 원칙이 있다. "사람은 얻되 생각은 뾰족하게" 만드는 것이다. '기분 나쁘지 않게'라는 말은, 즉 회의 또는 업무가 끝나고 그 사람과 더 가까워지는 것을 말한다. 그 사람을 얻는 것을 말한다. '반대 의견 말하기'는 회의 및 업무 중에 나온 아이디어

완성도와 관련 있다. 회의, 업무를 통해 완성도는 더 높아지고 최종적으로는 아이디어가 채택되는 것을 의미한다. 구체적으로 어떻게 실행할 수 있을까?

1) "그것 참~ 좋은 의견입니다."라는 말로 시작하자

사람을 얻고 생각을 더 뾰족하게 만드는 시작은 공감과 인정에서 출발한다. 공감과 인정을 보이는 것은 상대의 마음을 얻고 싶다는 걸 알려주는 것이다. 가끔 "That's a good~ idea!"라며 good을 길게 발음하자. 회의나 업무에 재미를 더해주는 것도 공감과 인정을 표현해주는 좋은 방법이다. 주의할 점은, 이때 비언어적인 표현에 신경 써야 한다는 것이다. 우리가 말하는 85% 이상은 눈빛, 목소리, 제스처 등의 비언어적 요소에 의해서 전달된다고 한다. 이를 "메라비언의 법칙"이라고 한다.

2) "그것 참~ 좋은 의견입니다. 하지만…"이라고 대안을 제시하자

"그것 참~ 좋은 의견입니다. 하지만…"이라고 하는 것을 Yes-but 커뮤니케이션 스킬이라고 한다. 상대의 의견에 반대 의견을 말하게 해서 아이디어를 더욱 뾰족하게 하는 스킬이다. 이 스킬의 기본 공식은 "당신의 말이 맞습니다(yes). 하지만(but), 이런 문제점이 있습니다."라고 말하는 것이다.

EX) 회식 날짜를 잡는데, 팀장님 의견을 존중하자는 김 과장의 의견에 박 과장은 이렇게 말했다.

박 과장: "팀장님 스케줄에 맞춰 10일에 회식을 하자는 김 과장님 의견에 동의합니다(yes). 하지만(but), 이번 회식의 주인공은 팀장님이 아니라 이 대리입니다. 회식 다음 날 이 대리가 S사와 중요한 고객미팅이 있습니다. 회식이 길어질 경우도 있어 다소 문제가 있다고 봅니다. 그러니까 제 의견은 팀장님도 이 대리도 모두 문제가 없는 11일로 잡자는 것입니다."

Yes-but 커뮤니케이션 스킬은 상대방이 제안한 아이디어 문제점을 기분 나쁘지 않도록 지적한다. 아이디어를 더 날카롭게 만드는 기술이라고 할 수 있다.

3) "~도 배려한다는 의미에서 ~는 어떨까요?"라며 대안을 제시하자

"그것 참~ 좋은 의견입니다. 하지만…"라고 말하는 Yes-but 커뮤니케이션 스킬은 Yes-and 커뮤니케이션 스킬로 전환이 가능하다.

EX) 박 과장: "팀장님의 스케줄에 맞추어 10일에 회식하자는 김 과장 의견에 동의합니다(yes). 그리고 (and), 다음 날에 S사와 중요한 고객미팅이 예정되어 있습니다. 이 대리도 배려한다는 의미에서 11일에 회식하면 어떨까요?"

Yes-but 커뮤니케이션 스킬과 Yes-and 커뮤니케이션 스킬은 동일한 의미로 대안 제시를 할 수 있다.

상대가 기분 나쁘지 않게 반대 의견을 말하기 위해서는 말하는 속도에도 신경을 써야 한다. 너무 딱 잘라서 빠르게 말하지 말고 조금 천천히 말하는 게 좋다. 속도가 빠르면 자신의 의견을 강하게 주장하는 것으로 오해를 살 수가 있기 때문이다. 한 박자 쉬고, 조금 천천히 말하는 것이 좋다.

요리는 자기 경험과 입맛, 재료에 따라 요리법을 조금 다르게 하더라도 나름의 맛을 낼 수 있다. 그렇지만 제과 제빵은 사소한 계량 실수에도 다른 결과가 나온다. 완전히 딱딱해서 먹을 수 없을 정도의 쿠키가 되고 식빵이 부풀지 않아 떡처럼 된다는 것이다. 그러고 보면 대화도 섬세한 계량, 반죽이 필요하다는 생각이 든다. 맛있는 쿠키, 빵을 굽는다는 생각을 가지고 말을 해보자. 그럼 맛있는 빵을 대접하는 사람들처럼 누구에게든 환영받을 수 있을 것이다.

*TIP

자신이 리더라면 상대 의견을 반대할 때 또는 다른 의견을 제시할 때에 장점, 염려, 제안의 순서로 하라. '장염제' 대화법이다. 이는 일방적으로 지시하는 대화와는 큰 차이가 있다. 상대방 의견의 장점을 인정해주고 염려되는 사항을 설명하면서, 해결방안을 제시하는 대화법이다. 리더들이 직원들과 이런 식으로 대화를 한다면 조직은 활력을 띨 것이다.

[소소한 말투 포인트]

"그것 참~ 좋은 의견입니다."라는 말로 시작하자. 소통의 기본은 일단 상대 입장을 받아들인 후 자기의 생각을 전달하는 것이다.

제5장

99

관계의 달인은 어떻게 대화하는가?

33. 착한 사람 콤플렉스에서 벗어나는 단호히 거절하기

"우리가 잘못된 길로 들어서거나 과중한 책임을 지지 않으려면 1000가지 부탁을 거절할 수 있어야 한다." 스티브 잡스의 말로 유명한 주장이다. 다른 이의 부탁을 거절하지 못해서 시간에 쫓기거나 에너지 낭비를 하지 말라는 경고의 메시지기도 하다. 우리는 왜 수많은 상황 속에서 거절하지 못할까? 거절의 큰 의미는 '단호함'이고 '변화의 시작'이다. '거절하기'는 가장 나답게 살기 위한 기본 권리다. 거절을 할 때에는 그것이 진심이어야 한다. 친한 친구가 부탁할 때 거절하는 건 보통 어려운 일이 아니다. 능력의 여부와는 상관없이 죄책감이 들기 때문이다. 친구 부탁을 거절할 때에는 그가 정말 중요한 존재이지만 이번에 한해선 거절해야 한다는 것을 알려야 한다. 가끔은 "미안하지만 지금은 도와줄 수가 없어."라는 것으로도 충분하다.

가족의 부탁을 거절하는 일은 훨씬 어렵다. 실속 있는 인생을 위해서라도 내 것이 아닌 '거절'의 짐을 조심스레 내려놔야 한다. 일단 거절하기로 마음먹었다면 자기 의견을 분명히 밝혀야 한다. 우선 거절 메시지를 전달할 때 많이 사용하는 방법을 비교해보자.

친구가 휴가를 떠나는 동안에 개를 맡아 달라고 했다. 하루 몇 번씩 먹이를 주며, 산책시켜 달라는 부탁을 했다고 가정하자. 부탁을 받아들이지 않기 위해서 변명을 둘러대는 방법은 단호하지 못한 거절 방식이다. 단호하지 못한 거절 메시지는 "개는 꼭 봐 주고 싶지만 내가 며칠 동안 어디를 좀 가야 해서."라는 식이 될 것이다. 때에 따라서 이런 거짓말은 자기의 의도에 잘 맞을 수도 있다. 언젠가 거짓말이 들통이 났을 때에 난처해지는 위험을 감수해야 한다. 한편, 부탁하는 사람을 오히려 비난하는 것은 공격적인 거절 방식이다. "돈이 아까워서 애완견 센터에 맡기지 않는 거니? 나는 개를 돌보는 것보다 더 중요한 일이 많아."가 이러한 거절 방식의 사례가 될 것이다.

이런 반응은 자기의 처지를 분명히 전달해 준다. 그렇지만 우정이나 인간관계에 돌이킬 수 없는 상처를 입히게 된다. 이런 식으로 상대에게 모욕을 주거나 난처하게 만들지 않고도 거절을 할 수 있는 방법이 있다. 단호한 거절 방식은 "안 되겠어."라며 말하는 것이다. 단호한 거절 사례로는 "안 되겠어. 다음 주엔 선약이 있어서 도와줄 수가 없겠어." 정도가 있을 것이다. 거절하는 짧은 이유를 대는 것이 적절하지만 반드시 그래야 하는 것은 아니다. 그때의 느낌에 따라서 결정하면 된다. 분명하게 "안 되겠어. 나를 생각해주어 고맙지만 힘들겠어."라며 말한다면 정중하면서 단호하게 목적을 달성할 수 있다.

"상대방의 요청을 수용할 의사가 없다면 이유를 대지 말고 딱 잘라서 거절하라." "~하기 어렵다"거나 "~못 한다"라는 등의 모호한 표현은 상대에게 이유를 묻게 하는 빌미를 준다. 상대를 똑바로 쳐다보고 "아니요, 싫습니다, 안 합니다."라며 거절해야 한다.

사람이 아닌 부탁을 거절하자. 내가 거절하는 것이 상대가 한 부탁이지 그 사람을 거절하는 것은 아님을 분명히 밝혀야 한다. 사람들은 요청받은 내용보다 자기가 꺼리는 부분을 거절하려는 경향이 있다. 부탁 내용을 잘 듣고 해당되는 부분만을 거절해야 한다. 목소리는 자연스럽고 경쾌하게 하자. 거절할 때 목소리 톤과 억양도 중요하다고 충고한다. 우물쭈물하면서 대답을 회피하는 것은 상대에게 비겁하다는 인상을 심어준다. 지나치게 공격적인 어투는 반감을 불러일으킨다. 자신감을 갖고 거절 의사를 밝히되 목소리 톤을 자연스럽고 경쾌하게 해야 한다.

수락하듯 매끄럽게 거절할 수가 있는 요령인 '레인체크'를 제안한다. '레인체크'는 비로 인해서 관람 못 했을 때 다음에 다시 볼 수 있도록 나눠주는 티켓을 의미한다. "다음 주에 시간을 내달라."라는 부탁에 거절하기보다 "15일 후쯤 가능하니 원하는 날짜를 말해 달라."라는 방식으로 수락하듯이 말하면 거절은 상대의 몫이 되는 것이다.

착한 사람 콤플렉스

어떤 사람에게도 인심을 잃어서는 절대 안 된다는 생각을 하는가? 누가 무슨 일을 부탁하더라도 거절하는 법이 없는 사람 특징은 자타가 공인하는 '착한 사람'이다. 'no'라고 외치고 싶지만 이기적인 사람으로 낙인찍히는 것이 두렵다. '그래'라고 대답해버린다면 당신은 착한 사람 콤플렉스에 빠진 것이다. '착한 사람'보단 현명한 사람이 이 시대가 원하는 인간형이다. 거절 못 하는 당신은 무엇이 문제일까? 당신도 혹시 착한 사람 콤플렉스는 아닐까?

거절에 관한 일화

인생을 살면서 여러 가지 유혹과 부탁을 거절하는 것이 쉬운 일은 아니다. 그 당시의 옳은 선택을 통해서 후에 더 큰 성공을 거두는 경우도 있다. 찰리 채플린은 희극배우이고, 감독, 제작자로 유명하다. 그는 모닝코트, 지팡이, 콧수염으로 눈물과 웃음, 유머를 잘 담아냈던 희극의 대명사이다.

그는 거절의 명수였다. 그의 영화가 많은 사람에게 사랑을 받자 그를 이용해서 돈을 벌고자 했던 사람들이 몰려들었다. 그런 모든 사람들의 유혹에 휘둘리지 않고 언제나 단호히 거절했다고 한다. 자기 신념을 담은 사회 비판적이고 풍자로 조화를 이룬 작품을 계속해서 내놓았다.

그는 영화에도 "거절하는 법을 배워라. 그러면 삶이 아름다워질 것이다."라는 대사를 넣을 정도로 자기 신념을 드러냈다. 세계적인 과학자 아인슈타인은 자기 역량에 맞게 행동을 했다. 이스라엘 건국 초기에 대통령 직 제안을 받았을 때 그가 이런 말로 거절했다. "굉장히 영광스러운 제안이지만 거절하고 싶다. 나는 우주의 법칙은 잘 안다. 인간에 대해선 모른다. 대통령은 자기의 신념에 반하는 일도 해야 되는 위치다. 나는 그렇게는 할 수 없다."

프로골퍼 최경주 선수는 타깃월드 챌린지 대회 초청을 거절한 일화도 있다. 그 대회에 참가하면 꼴찌를 하더라도 상금을 17만 달러(약 1억 5,000만 원)를 받을 수 있었다. 게다가 초청자는 프로골퍼들두 동경하는 타이거 우즈였다. 참가만 해도 거금을 주는 초청에 왜 거절했는지 궁금하지 않은가? 이유는 간단하다. 동계 훈련을 하기 위해서라고 했다. 골퍼들에게도 비시즌 '연습'은 매우 중요하다. 최경주 선수는 비시즌 동안 더 나은 미래를 앞서 본 것이다.

훈련을 통해서 자기의 기량을 앞세워서 새 시즌을 대비하기 위한 계획인 것이다. 지금 당장에는 눈앞에 보이는 상금을 놓쳐서 아깝게 느껴질지도 모른다. 새 시즌의 화려한 활약과 비교한다면 아무 소용도 없는 것이다.

대부분 사람들은 가족, 친구들과 일상생활에서 직장, 모임 등에서 누군가의 부탁을 받는다. 그럴 때마다 마음으로는 'no'를 외친다. 하지만 입으로는 'yes'를 말한다. '왜, 나만 이렇게 힘든 순간들을 겪어야 하나.'라는 불만을 토해낸다. 'yes 콤플렉스'에 빠진 자기를 원망해도 기차는 이미 떠난 뒤이다. 이러한 습관적인 'yes형 인간'에서 벗어나는 방법은 의외로 간단하다. 'no'라고 대답하는 용기와 현명함을 갖자. 그러면 당신 인생은 달라질 것이다.

[소소한 말투 포인트]

'거절하기'는 가장 나답게 살기 위한 기본 권리다. 거절을 할 때에는 그것이 진심이어야 한다. "미안하지만 지금은 도와줄 수가 없어."라고 말하는 것만으로도 충분하다.

34. 상사의 마음을 움직이는 말하기

 말 잘하는 사람들은 평범한 걸 평범하지 않게 만드는 재주가 있다. 막내 평사원도 말을 잘하면 상사의 마음을 움직일 수가 있다. 엘리베이터에서 상사와 잠시 마주쳤을 때는 이렇게 말해보자. "어제저녁에 뉴스에 나온 경제학자 관점이 대표님의 생각과 똑같았습니다."라며 말하면 상사의 호기심을 자극할 수가 있다. 그럼 대부분 상사는 이렇게 묻는다. "뭐라고 말했는데요?" 이런 식으로 상사와 더 많이 이야기 나눌 수 있는 기회를 잡을 수 있다.

 영업사원이라면 대화 시작을 할 때에 "1분만 시간을 내주세요"라며 말할 수 있다. 그럼 대부분 거절을 하지 않는다. 그 1분 동안 고객 주의를 끌수 있는 말들을 잘 심어 놓자. 다음번에 방문할 때 상세한 설명을 덧붙일수 있다. 업무 보고를 할 때에 상사의 시간이 충분하지가 않다면 간단명료하게 진행할 수밖에 없다. 이땐 모든 내용까지 일일이 설명하려고 하지 않아도 된다.

 평소 친구들과 대화 나눌 때를 생각해보자. 짧은 몇 마디 안에 말하고자하는 모든 정보들을 전부 집어넣을 수는 없다. 보고하는 내용의 중점사항은 재미있고 풍부해야 하며 상대방의 호기심을 자극할 수 있어야 한다. 가

혹 너무 '정직한' 젊은 친구들은 융통성 없이 상대가 말한 규칙에 따라서 일을 처리한다. 예전에 한 젊은 사원이 A 팀장에게 업무 보고를 위해서 3분 동안 시간을 달라고 했다. 정말 그 시간 안에만 후다닥 보고를 끝내 버렸다. 사실 그는 30분을 내줄 의향도 있었다. 나중에 그 사실을 미리 안 말했던 것을 후회했다. 3분간 속사포같이 쏟아내는 '랩'을 정말 멍하니 듣고서만 있어야 했다. 보고의 핵심이 뭐였는지도 잘 모르겠다.

더 아쉬웠던 것은 그는 3분이 되기도 전에 할 말을 다 끝냈다는 점이었다. 이러한 관점에서 보면 말하기는 얼마나 많은 훈련과 공부가 필요한지를 알 수 있다. 아무리 머리가 뛰어나고 말을 잘한다고 하더라도 '나는 말하기와 표현력에 아무 문제가 없다.'라며 자신 있게 말할 수 있는 사람들은 드물 것이다. 재미없거나 상대방을 잘 이해시키지 못하는 말이나, 속도가 너무 빠른 말은 문제 되지 않는다. 진짜 문제는 스스로 '나는 말을 참 잘한다.'라고 착각하는 데 있다. A라는 사람은 습관적으로 자리에 있는 다른 사람에게 화제를 넘겨서 그것을 보충하도록 만든다. 혹시나 자신이 화제를 마무리 지어서 사람들이 난감해하는 일은 없도록 말이다.

나의 가치를 높이면서 상사, 부하, 고객의 마음을 훔치는 말 한마디.

우리는 상사 및 부하직원과의 관계와 클라이언트와의 협상 등 각종 커뮤니케이션 안에서 살아간다. 같은 업무능력을 가져도 상사에게 더 인정을 받으며 끊임없이 고객을 유치하는 동료가 있다. 잘 생기거나 예쁜 외모가 아니어도 항상 주변에 이성이 모여드는 사람이 있다. 외모와 업무능력에 버금가는 이러한 매력은 말하는 기술, '대화법'에 있다. 같은 말이라도 어떤 단어를 선택하고, 조합을 하느냐에 따라서 상대에게 전달되는 느낌이 다르다. 말 한마디로 직장 안에서 능력을 인정받을 수도 있으며, 놓칠 뻔한 고객들을 잡을 수가 있다. 소원해졌던 친구와의 관계를 개선할 수 있다. 화술은 곧 능력의 잣대이며 리더십의 잣대이다.

자기 가치를 높이기 위해서 최우선으로 갖추어야 할 덕목이다. 직장에서 더 인정을 받기 위해서, 원만한 관계를 위해서 말하기 기술이 필요한 시대에서 살고 있다. 코드가 잘 맞는 사람과 의사소통하는 것은 쉽다. 문제는 '코드가 안 맞는 사람과, 상대하기 어려운 클라이언트들이다. 사사건건 반론을 일삼는 거래처 사람들, 상사와의 커뮤니케이션을 어떻게 잘할지'에 숨어 있다. 예쁜 사람에게 "참 예쁘시군요."라며 칭찬하는 건 효과가 없다. 누구나 다 하는 칭찬이 아니라, 당신만이 할 수 있는 칭찬의 말들을 찾아내야 한다. 이는 면밀히 준비하고 관찰하지 않으면 찾아내기 어려운 한마디다.

예쁘기만 한 것이 아닌 일도 깔끔하게 잘한다거나, 우아한 옷차림이 잘 어울린다는 말 등이다. 칭찬할 때는 미리 알아 놓은 사전의 정보를 대입해서 구체적으로 하는 것이 효과적이다. 이것은 아부의 힘이 아니다. 말 한마디 힘이다. 회사에 안팎에서 이뤄지는 모든 커뮤니케이션에 있어서 가장 중요한 포인트가 있다. 바로 상대 회사를 위해 우리 회사가 어떠한 이익제공을 할 수 있는지를 어필하는 것이다. 회사의 일은 보고서 작성으로 시작해서 보고서 작성으로 끝이 난다고 해도 과언이 아니다. 이러한 중요한 보고 시 윗사람에게 절대 해서는 안 될 말을 알아보자.

1) 이미 알고 계시겠지만~

본부장 및 팀장급 등은 회의를 매일 하고 윗사람에게 보고자료 만들며 전략을 짠다. 세일즈 안 나온다며 깨지고 대책을 수립하느라고 정신이 없다. 보고를 이미 했어도 기억하고 있기는 힘들다. 그들의 위치는 꼭 기억해야만 되는 위치가 아니다.

"이미 알고 계시겠지만…"이라는 말로 보고의 서두를 시작한다면 다음과 같은 말로써 보고를 시작하는 것과 다름없다. "도대체 이것도 모르니?" "너 정도면 이건 당연히 알고 있어야 되는 것 아냐?"라는 뜻이다. 이러한 말은 영어권 나라의 사람들과 커뮤니케이션을 할 때도 안 쓰는 편이 좋겠다. 자주 이메일을 주고받는 홍콩 직원이 영국인인 본인 상사에게 이 말을 썼다고 한다. 그럴 때마다 돌아온 것은 부정적 피드백이었다고 한다.

2) 솔직히 말씀드리면

지금 하고 있는 말만 솔직히 얘기하면, 여태껏 했던 말들은 솔직하지 않은 것들이었나? 이 말은 사무실 안에서는 가급적이면 사용하지 않는 것을 권장한다. 상사와 1:1 면담을 할 때는 사용할 수도 있다. 인간적인 부분에 대해 서로 공감을 하는 분위기가 형성되었을 때 사용하는 것이 좋겠다.

3) 이런 말씀 드리면 안 되지만

이 말은 "당신이 잘못 생각하고 있다. 그래서 나는 부득이 내 입장에서 해서는 안 될 말을 할 것이다."라는 뉘앙스를 불러일으킬 수 있다. 해서는 안 될 얘기는 하지 말자. 그것이 직장생활에서 뒷이야기가 나오지 않는 좋은 방법이다.

4) 지난번에 그렇게 말씀하셨습니다

이 말은 당연히 사실이다. 지난번 당신이 그렇게 얘기를 했으니 내가 이렇게 한 거니까 말이다. 이 말은 "이 모든 문제의 이유가 바로 당신이다."라는 말과 동의어 수준인 것을 알고 있어야 한다. 그렇다면 당신의 상사는 이렇게 얘기한다.

상사: "당신 몇 년 차야? 시키는 대로만 그대로 할 거면 뭐 하러 당신을 쓰나? 갓 대학 나온 인턴을 쓰든가 그냥 알바를 쓰면 되지? 내 말을 기본으로 해서 실무자가 여러모로 고민해서 방안을 구체화해야지. 문제가 있다거나 더 나은 방법이 있으면 바꿔야 되는 거 아냐?"라고 말이다.

만약 지난번 상사의 강력한 지시가 있었던 상황에서 '어려울 것 같다.'라고 중간보고까지 했다면 더욱더 억울할 것이다. 상사가 말을 바꿔 자신이 일 못하는 사람으로 낙인찍으려고 한다면 이렇게 하는 건 어떨까? 공식적인 회의록을 만들어보자.

"○○년 3월 1일 상무님실에서 팀장 5명이 모인 자리에서 이렇게 할 것을 지시하셨습니다. 3월 2일 중간보고를 드릴 때도 문제 발생할 여지에 대해서 미리 말씀드렸습니다. 그럼에도 불구하고 진행을 하라고 하셔서 진행하게 된 건입니다."라고 말하면 된다. 물론 회의록에 하이라이팅 해서 책상 위에 놓아두고 이야기를 한다. 그때 눈앞에 회의록을 보여주면서는 절대로 이야기하지 않기를 바란다. 눈에 보이지 않는 선을 넘으면 당신은 '배척할 존재'가 되어 버릴 수가 있기 때문이다. 아울러 회의록을 이 케이스만을 위해 만들면 안 된다. 꾸준히 회의 시마다 데이터를 쌓는다면 당신에게 어느 순간 반드시 힘이 된다.

사회라는 조직 안에서 적자는 생존을 하게 되어 있고, 메모하는 자가 반드시 승리한다. 메모는 두뇌보다 정확하며, 메모하는 것은 두뇌의 용량을 뛰어넘는다. 가장 중요한 것은 보고의 내용보다 보고하는 태도이다. 상사의 자존심과 체면을 긁어가며 하는 보고는 당신에게 되돌아온다. 당신은 최대한 상사 스타일에 부합은 하되 핵심을 찌르는 보고를 하도록 해야 한다.

[소소한 말투 포인트]

업무 보고를 할 때는 상사의 시간이 충분하지가 않다면 간단명료하게 진행을 하자. 보고하는 내용의 중점사항은 재미있고 풍부해야 하며 상대방의 호기심을 자극할 수 있어야 한다.

35. 대화의 시작은 인사부터

A라는 사장은 지방의 작은 도시에서 서른 명 정도 되는 직원들과 회사를 경영하고 있었다.

A 사장: "저는 직원들에게 항상 길에서 사람을 만나면 반드시 먼저 인사하라고 말합니다. 한 번 인사를 하면 다음에 만났을 때는 상대도 인사를 하게 됩니다. 그러는 사이에 잠깐 이야기를 나누게 됩니다. '당신은 ○○회사 직원이죠.' '그렇습니다. 잘 부탁드리겠습니다.'라며 회사를 알릴 수도 있습니다."

사장은 개개인의 직원이 지역 사람들과 사이좋은 관계를 맺는 것은 기쁜 일이라고 말한다. 그 원점은 바로 어머님이라고 했다.

A 사장: "실은 제가 중학생 무렵, 어머니와 함께 길을 가고 있었습니다. 어머니께서 만나는 사람들마다 말을 걸었습니다. 이상하게 여겨 이유를 묻자 어머니는 '다양한 사람들과 친해지기 위해서다. 인사를 하면 상대방도 나중에 말을 걸어올 테니 즐겁지 않니?'라며 웃으면서 말씀하셨습니다. 제가 지금 솔선수범해서 인사하는 것은 어머니께 배운 것입니다."

평소 같은 반 친구뿐만 아니라 다른 반 친구나 다른 학년 친구에게 먼저 인사를 해보자. 처음에는 상대방이 놀랄지 모르지만 거기에서부터 대화는 시작될 것이다. 인사는 인간의 삶에서 가장 기본이 되는 것이고, 중요한 소통수단이다. 인사의 사전적인 의미는 '마주 대하거나 헤어질 때 예를 표한다. 그런 말이나 행동 처음 만나는 사람들끼리 서로 이름을 통해 자기소개하는 것. 또는 그런 말이나 행동을 말한다.' 인사는 상대의 가치를 인정하고 높여주는 기술이다. 때문에 바른 자세로 진심을 담아서 밝은 미소로 인사를 해야 한다.

인사는?

1. 상대방을 존중하는 마음이다.
2. 상대에게 드러내는 호감 표시이다.
3. 명랑하고 즐거운 사회생활과 원만한 대인관계의 기초이다.
4. 진심이 담긴 인사를 하면 상대를 감동시킨다.
5. 인간관계의 시작과 끝이다.
6. 마음의 문을 여는 열쇠다.
7. 교양과 인격을 표현하는 수단이다.

인사는 상대에게 자기를 알리는 첫 단계이다. 매너의 시작이며, 호의와 존경심, 친밀감을 나타내는 인격의 표현이다. 사람과 사람이 만나는 일에 중요 비중을 차지한다. 인사를 통해서 신뢰감을 줄 수가 있다. 상대의 마음을 열게 해서 원만한 인간관계를 형성하는 토대가 된다. 먼저 인사를 할 줄 아는 사람들은 안 하는 사람들보다 성공에 좀 더 가까이 있다. 올바른 인사는 이미지 향상에 큰 작용을 한다.

인사의 중요성

인사를 잘하는 대표적인 사람으로는 '유재석' 씨가 있다. 그는 1인자의 높은 자리에 있지만 늘 겸손한 태도를 보인다. 평소 멀쩡히 바르게 서 있는 모습을 많이 볼 수 없을 만큼 늘 인사를 잘한다. 그러기에 그가 더 많은 사람들의 존경을 받고 그 자리를 유지하는 것인지도 모른다. 한 사람의 이미지는 여러 요인으로 결정이 되지만 그중의 하나가 태도이기 때문이다. 그만큼 인사의 중요성은 말하지 않아도 모두가 알 것이다.

인사의 5가지 포인트

인사를 어렵게 생각하는 사람들도 많다. 누가 먼저 해야 될지 생각하다 타이밍을 놓치기도 한다.

첫 번째, 인사는 상하 구분 없이 먼저 눈 마주친 사람이 한다. 두 번째, 상대 눈을 보며 미소 지으면서 해야 한다. 상대의 눈을 안 보고 다른 곳을 보면서 인사하면 '상대가 나를 무시하나?' 하는 생각이 든다. '나에게 인사하고 있는 게 맞나?' 하는 생각이 들게도 할 수 있다. 세 번째, T.O.P에 맞게 인사해야 한다. Time - 시간에 맞게, Occasion - 상황에 맞게, Place - 장소에 맞게 인사를 한다. 네 번째, 큰 소리로 당당하게 인사해야 한다. 다섯 번째, 지속적으로 한다. 한 건시 만 건시 잘 알 수 없는 인사는 좋지 않다. 오늘 밥 먹었다고 내일 밥 안 먹는 사람은 없다. 오늘 인사를 했다고 내일 안 하는 일은 없어야 할 것이다.

인사의 종류

1) 목례(눈인사)

목례란 눈으로 예의를 표하는 것을 말한다. 상체 그대로 두고 가볍게 머리만 숙이는 인사를 말한다.

2) 보통례

보통례는 상체를 30도 정도로 구부려 인사하는 것을 말한다. 남자는 두 팔은 옆에 붙이고 여자는 두 손을 앞쪽으로 모으면서 몸을 굽히고 한다. 인사말은 정확히 하되 너무 큰 소리로 하지 않도록 한다. 상체를 허리부터 숙인 후에 (1초) 동안 잠시 멈춘다. (1초) 허리를 천천히 편다. (2초)

인사 중에 가장 많이 하는 인사에 속하며 상대방에 대한 정식인사이다. (손님을 맞이할 때나 사회생활에서 처음 만났을 때 하는 인사다.)

3) 정중례

정중례는 바로 서서 발꿈치는 모으고 허리를 약 45도 이상으로 굽혀서 하는 인사를 말한다. 서서 하는 인사 중에 가장 정중한 인사이다. 상체를 허리부터 숙이고(2초) 잠시 멈추고(2초) 허리는 천천히 편다.(3초) (고객을 배웅할 때나 감사, 사과(사죄)를 표시할 때 또는 고객이 방문했을 때 주로 한다.)

TIP 직장 내 상황에 따른 인사법

상사, 동료와 하루에 여러 번 마주칠 때는 첫 만남 시에는 정중하며 밝게 인사한다. 두 번째 만남부터는 미소와 가볍게 목례를 하는 것만으로 충분하다. 업무를 처리할 때 업무 중 인사할 여유가 있으면 상황에 맞게 인사한다. 인사할 수 없는 경우는 안 해도 예의에 어긋나진 않는다. 화장실에서 상사와 만났을 때 화장실에서는 인사하지 않는다. 눈이 마주칠 경우만 목례한다. 업무를 물어보거나 부탁할 때는 '실례합니다.' '바쁜데 죄송합니다.'라는 말로 시작을 하면 상대의 호의를 살 수 있다. 물어본 게 해결됐을 때에도 '감사합니다.' 등 인사로써 고마움을 표시하자.

[소소한 말투 포인트]

인사를 하면 다양한 사람들과 친해질 수 있다. 인사는 상대의 가치를 인정하고 높여주는 기술이다. 바른 자세로 진심을 담아서 밝은 미소로 인사하자!

36. 상대의 감정을 살필 줄 아는 지혜

언젠가 비호감 1위에 등극했던 연예인이 있었다. 거침없는 말과 독설을 서슴지 않았다. 그는 TV 프로그램에서 상대방의 입장이나 감정을 무시한 채로 생각 없이 말을 내뱉었다. 동료 연예인 몇몇을 지적하면서 "밉상이다, 독하다, 무섭게 생겼다"라는 등의 독설들을 쏟아냈다. 듣는 사람 감정을 철저히 무시한 나머지, 시청자들에게 무례하고 경솔한 사람이란 평가를 받았다. 본인은 어떠한 사심도 없이 자기 생각을 솔직하게 말한 것뿐이라고 했다. 그렇지만 이미 내뱉은 말을 주워 담을 수는 없었다. 다행히 지금은 과거 모습을 버리고 좋은 이미지를 쌓아가는 중인 듯하다.

나의 생각은 나의 생각일 뿐 정답이라고 단정 지을 수 없다. 자신의 판단만 옳은 양 상대방을 비난하며 평가하는 말을 해선 안 될 것이다. 그것은 관계에서 불편함을 피하기 위한 것이지 그의 감정이 괜찮은 건 아니다. 말하기에 성급한 사람들은 앞뒤의 상황을 살피는 데 둔감하다. 하고 싶은 말이면 참지 못하며 일단 내뱉고 솔직함이라고 합리화한다. 때로는 성급함이 필요한 경우도 있다. 그렇지만 일반적 관계 속에서 성급함은 다른 사람 감정에 눈멀게 한다. 나의 감정만 앞세우는 오류를 범하게 한다. 상대방을 비난하는 데 성급한 사람들이 있다. 자기의 열등함을 보상하기 위한 방법 중의 하나로 상대를 깎아내린다. 그럼으로써 스스로 만족하는 것이다. 진정으로 자신을 사랑하는 사람들은 상대방의 감정까지도 존중할 줄 안다.

"어쩌면 너는 그렇게 말을 예쁘게 하니?" 주변에 이런 말을 듣는 사람들이 있다. 이런 사람들과는 기분 좋은 대화가 이어진다. 많은 사람이 공통적으로 느끼는 부분이다. 말을 하기는 참 쉽고, 자주 하지만 어렵게 느껴질 때가 많이 있다. 때로는 주워 담을 수가 없어 한밤중 '이불 킥'을 유도하기도 한다. 웃으면서 반응했지만 마음 한편에 담아두게 만들기도 한다. 말눈치는 우리말로 '말하는 중에 드러나는 태도'라는 뜻이다. 생각 없이 말을 해서 상대방의 기분을 상하게 하거나 분위기 파악을 못 하는 사람이 있다. 안 해도 되는 말을 굳이 해서 관계를 어색하게 하는 사람들은 대부분 말눈치가 없다.

말눈치가 없는 사람들은 평소 하고 싶은 말을 내뱉어야 자기의 직성이 풀린다. 항상 직설적으로 말을 하며 다른 사람의 입장에서는 전혀 생각하지 못한다. 무조건 자기 생각이 옳다며 주장한다. 상대방이 하지 말라고 해도 계속 같은 말을 하면서 자신의 이야기만 늘어놓는다. 다른 사람에게는 관심이 없으며 대화 중 갑자기 흐름과 맞지 않는 대화 주제를 이야기한다. 자신이 남에게 잘해준 건 기억하고 남이 본인에게 잘해준 것은 기억 못 한다. 잘못 말을 전달해서 종종 오해를 사기도 하며 상대가 실수하자마자 바로 논리적으로 지적한다.

그렇다고 관계를 이어갈 때 말만 조심해야 되는 건 아니다. 대화 시 표현하는 행동 모두 말눈치에 포함이 된다. 팔짱을 끼고 말하거나 삐딱하게 앉아서 대화한다면 나의 말눈치를 고민해봐야 한다. 말눈치를 가지면 호감이 가는 사람, 센스가 있는 사람으로 변신할 수 있다. 말눈치는 일종의 재치이기도 하다. 우리가 무엇인가를 판단할 때 시각에만 의존을 하는가? 그렇지 않다. 눈으로 보는 것과 동시에 생각하며 고민하는 것도 역시 중요하다. 결국 말로 표현을 해야만 한다. 그래야지 세상과 소통을 할 수 있다. 말눈치는 이 모든 것들을 포함한다. 혼자서 살 것이 아니라면 우리에게는 말눈치가 필요하다. 세상 누군가와 어울리면서 서로 도움 주고받으면서 살아가기 때문이다. 말눈치는 '남의 마음을 알아차림'이라고 하는 의미를 포함한다.

　말에 '센스' 또는 '위트'가 들어갈 때에 말눈치는 완성된다. 센스와 위트가 없으면 말은 생명력을 잃는다. 말눈치가 없는 대화는 답답하다. 말눈치 없이 덤비는 사람은 얼마나 짜증이 나는가. 대화와 행동에는 말눈치가 있어야 한다. 어떤 문제가 발생했을 때 상황에 직면한 상대가 부모님, 친구, 후배라고 해보자. 이때 문제 해결책을 빨리 찾아 논리적으로 말하고 싶은가? 그것은 상황을 해결할 것 같은가? 아니다. 그 이전에 상대의 상황을 탐색하는 것이 먼저다. 우리가 생각을 해야 될 것은 '어떻게 문제를 해결할 것인가'와 같은 적극적 커뮤니케이션이 아니다. '어떻게 이 상황 속에서 벗어날 수 있는가'의 소극적인 커뮤니케이션이 아니다. 우리에게 필요한 것은 '저 사람 상황은 어떤 것일까'라는 공감 커뮤니케이션이다. 관심에는 '무관심'과 '진짜 관심'이 있다. 진짜 관심은 눈치껏 상대가 원하는 것을 알고 그것에 관심을 가지는 일이다. 상대가 원하는 걸 아는 말눈치가 핵심이다. 상대가 원하는 걸 알지 못하는 말눈치 없는 관심은 무관심일 뿐이다. 무관심은 '상대가 원하는 것을 모르고 함부로 말을 하는 모든 것'을 포함한다. 상대에게 관심이 있어야 대화는 깊이를 더한다. 별다른 관심도 없는 당신의 말에 상대는 바로 당신이 자기에게 무관심한 사람임을 안다. 사람들은 생각보다 진짜 관심인지 가짜인지 잘 안다. 상대가 내가 하는 말에 관심을 두게 하려면 어떻게 해야 될까. 관심이 진짜임을 어떻게 증명할까. 방법은 두 가지다. 내 관심에 상대가 흥미를 느끼는지가 첫 번째이고, 기뻐하는지를 살펴보는 것이 두 번째다.

'상대방을 잘 안다고' 생각하는 무지한 사람들은 대화를 잘 이끌어 나갈 수가 없다. 상대를 모른다는 겸손에서 시작하는 질문이 상대방을 더욱 잘 알 수가 있는 지름길이다. 상대를 알고 싶은가? 그렇다면 질문에 말눈치를 더하라. "질문해도 될까요?" "하나 물어볼 게 있어요." "여쭤볼 게 있습니다."

어떤 회사가 있다. 본부에서 1팀, 2팀, 3팀 팀장들이 모였다. 이때 1팀장이 말한다. "우리 팀 김 대리 말이야. 능력도 있고 성과도 좋은데 인성이 글러 먹었어." 뒷담화다. 뒷담화란 누군가를 홍보하는 재미일 뿐이다. 자리에 없는 누군가를 대화소재로 삼을 때 '칭찬과 격려 등이 아닌 모든 말들이 뒷담화다. 그럼에도 사람들은 여전히 '나는 그런 뒷담화나 하는 사람이 아니야!'라며 착각에 빠져 산다. 뒷담화는 파괴적 커뮤니케이션이다. 뒷담화가 누군가를 통해 당사자에게 전달되면 모든 인간관계는 최악의 상황으로 접어들 수 있다. 제삼자의 말로 자신을 향한 부정적 시각이나 평가를 들을 때 아무렇지 않은 사람은 세상에 없다. 평소 뒷담화를 철저히 경계하는 것이 세상과 평화롭게 공존하는 말솜씨의 기술이다.

TIP 뒷담화에 대처하는 자세

1. 적당히 들어준다. 적극적 노력이 필요 없으며 상대방과 관계를 유지할 수 있는 장점이 있다. 매번 험담을 들어줘야 되기 때문에 스트레스를 많이 받게 된다.

2. 무반응으로 대한다. 상대방의 말을 무시할 수 있는 용기가 필요하다. 상대방이 기분 나빠 하겠지만 더 이상 험담을 늘어놓지 않아 매우 편하다. 관계에 있어 거리감이 생기는 것이 단점이다.

3. 주제는 내가 리드한다. 상대방이 좋아하는 관심사를 꺼내서 대화 주제와 분위기를 바꿔버린다. 상대방과 관계를 유지하면서 좋은 대화로 바꿀 수 있어서 긍정적이다. 단 적극적 노력이 필요하다.

> **[소소한 말투 포인트]**
> 말눈치를 가지면 호감이 가는 사람, 센스가 있는 사람으로 변신할 수 있다. 평소 대화할 때 상대의 감정을 살피며 대화하는 습관을 갖자!

37. 청개구리 길들이기 대화법

'아이를 공부시키기 위해서 "공부해"라고 말하는 것.'

'저 사람이 내 말을 듣게 만들기 위해서 "내 말 들어"라고 말하는 것.'

심리 법칙상, 이렇게 말하면 오히려 더 공부를 안 하게 만든다. 내 말이라면 싫어지는 역효과가 난다. 이러한 청개구리 본능을 역으로 이용할 방법은 없을까?

상대방과 라포르(사람과 사람 사이 생기는 상호 신뢰 관계를 말하는 심리학용어)를 형성하여 가까워졌다면 그렇지 않을 때보다 더 성공 확률이 높다. 그래도 "공부해", "내 말 들어"라며 말할 때 말을 듣지 않는 일이 벌어질 수가 있다. 라포르는 기초 작업일 뿐이고 완전한 해결책은 아니다. 인간의 청개구리 본능을 역으로 이용하는 법을 알아 두면 좋다. 그러려면 우선 청개구리 본능 원리부터 파악해야 한다. 유명한 철학자 쇼펜하우어는 인간을 포함한 우주 구성 원리는 '맹목적 의지'라고 했다. 무슨 뜻일까? 물이 위에서 아래로 흐르는 건 위에서 아래로 떨어지려는 물질의 맹목적 의지의 결과이다. 동물이 맛있는 음식을 보면 다가가는 것도 동물의 맹목적 의지이다.

맛있는 음식이 미끼여서 낚시꾼에게 잡힐 때에도 붕어는 낚싯바늘을 있는 힘껏 문다. 태풍은 휘몰아치려는 바람의 의지이고 파도는 요동치려는 파도의 의지이다. 결국 수많은 의지가 뒤섞여 우주가 구성된다. 인간의 마음도 이러한 맹목적 의지가 소용돌이치고 있다. 내면의 맹목적 의지를 관철하기 위해서 온갖 언행을 한다. 쇼펜하우어는 한 발 더 나아가서, 마음속 의지는 허무하고 맹목적이다. 고통의 나락으로 떨어뜨린다고 이야기한다. 맛있는 떡밥을 물기 위해서 생명을 바치는 물고기처럼 말이다. 쇼펜하우어는 철저한 금욕 생활을 주장했다.

불교의 가르침과도 일정 부분 맞닿아 있다. 욕망은 헛된 맹목적 의지이며 그것을 따를수록 우리는 이리 부딪히고 저리 부딪히는 것이다. 이것이 자신이나 타인을 뜻대로 바꿔 나가려는 핵심 요소이다. 맛있는 음식에 손이 가는 건 식욕 때문이라는 설명은 좀 부족하다. 그 원인은 맹목적 의지이다. '어떻게든 눈앞의 음식을 먹고야 말겠다.'라는 맹목적 의지가 요동치기 때문에 먹는다. 그러한 의지가 충족되었을 때 '왜 그렇게 많이 먹었지? 후회된다.'라며 안타까워하는 것이다. 아무리 비싼 돈 들여 관리를 받아도 '이 음식을 먹고야 말겠다.'라는 맹목적 의지를 꺾지 못한다면 다이어트는 물 건너간다.

타인이 자기의 말을 듣게 만드는 대화도 이와 같다. 상대방 마음의 요동치는 의지를 어찌하지 못한다면 계속해서 말을 해줘도 움직이지 않을 것이다. 여기에서 대화의 기술이 필요하다. 어떻게 해야 할까? 식욕도 1년 내내, 하루 24시간 늘 요동치지는 않는다. 아무리 식탐이 많은 사람도 하루 20시간 먹지 않고, 별로 먹고 싶지 않은 때도 있다. 바로 식욕이 충족된 직후이다. 식욕은 음식을 먹기 직전 맹렬히 요동치다가, 배불리 먹고 나면 떨어진다. 이때 자기반성도 한다. 예를 들어, 식욕이 요동을 칠 때 "왜 살찌는 건 생각 안 하고 계속 먹니? 그만 먹고 살 좀 빼라."라는 말을 들으면 어떨까?

귀에 말이 들어오지 않고, "너나 잘해. 네가 뭔데 나한테 이래라 저래라 하냐?"라며 반발할 수도 있다. 그렇지만 배가 불러서 식욕이 가라앉은 뒤에 이 말을 들으면 크게 반발하지 않을 것이다. 이처럼 청개구리 본능에 정면으로 들이받지 말아야 한다. 그 흐름을 대화에 활용한다고 상대가 바로 행동을 바꾸지는 않을 것이다. 최소한 말을 듣게 하려면 의지가 어느 정도는 충족된 뒤에 해야 한다. 상대방이 스스로 의지를 충족한 것이 아닐 때에 자신의 이야기를 더 잘 듣게 만들 수가 있다. 즉, 내가 상대방을 도와줘서 상대의 의지가 충족되었다는 인식을 줄 때에 가능한 것이다.

1) 누구나 마음속에 청개구리가 있다

직장인 A 씨는 청개구리 마인드가 강하다. 한번은 상사가 지시한 일에 거부를 하였다.

A: 누가 뭐 하라고 시키면 하기 싫고, 하지 말라고 하면, 하고 싶습니다. 어릴 적 학생 때에는 청소하다가도 누가 '너 청소 잘한다.'라며 칭찬을 하면 청소하기 싫어졌습니다. 그럴 때면 '내 성격이 이상한가?'라는 생각을 했습니다. 직장생활을 하고 나서는 이 청개구리 마인드 때문에 곤란했던 적이 종종 있었습니다. 시키지 않아도 알아서 일을 찾아서 열심히 한다는 평가를 받는 편이었습니

다. 하루는 회의 시간에 상사가 강압적으로 지시를 하니 청개구리 마인드가 나와 '하기 싫다'라고 해버린 겁니다. 그동안 받았던 점수를 다 날려버렸습니다.

심리학 교수: 청개구리 심리는 논리적으로 합당한 요구를 하더라도 일단 저항하는 마음이 생기는 것입니다. 우리는 스스로를 야단칠 수 있는데, 야단치다 보면 청개구리 심리가 더 커집니다. 청개구리 심리와 관련된 심리 용어로는 양가감정이라는 것이 있습니다. 어떤 결정을 하려고 할 때에 반대쪽 생각이 강하게 드는 현상을 말합니다. 이러한 양가감정은 우유부단한 사람한테만 찾아오는 것이 아닙니다. 누구에게나 일어나는 정상적인 반응입니다. 결정에는 논리적 단계와 감성적 단계가 있습니다. 논리적 단계에서 감성적 단계로 넘어갈 때에 과도기적으로 일어나는 현상이 양가감정입니다. 역설적으로 양가감정을 거치지 않은 결정이란 마음까지 움직여진 게 아닙니다.

이성적으로 이해만 한 상태입니다. '술 줄여야지'라는 이성적 계획이 실행되기 위해서 '먹을까 말까'란 양가감정의 과정을 거쳐야 합니다. 감성적 단계로 결정이 넘어와야 합니다. 청개구리 마인드가 만드는 양가감정은 이성적 논리를 내 마음이 수용하는 과정입니다. 양가감정의 상태가 불편하다고 해서 너무 세게 한쪽으로 몰아세우면 반대로 튕겨 나가게 됩니다. 오히려 변화가 이뤄지지 않습니다. 의지력 강한 사람들이 변화를 잘 이룰 것 같아도 강한 변화의 의지만큼 감성적 저항도 크게 일어납니다. 양가감정이란 파도가 더 크게 일어날 수도 있습니다.

평소 청개구리 심리가 강한 사람이 있다면 '자유와 독립에 대한 욕구가 큽니다. 그만큼 양가감정도 크게 일어날 수가 있다고 생각하면 도움이 됩니다. 청개구리 마인드 자체가 나쁜 것만은 아닙니다. 저항도 에너지입니다. 저항의 단계를 넘어서 마음으로 받아들이면 일을 추진할 잠재력을 갖게 됩니다. 마음의 저항이 크게 일어날 때 억지로 누르지 말고 정상적인 변화의 과정이라고 생각하는 게 중요합니다. 혼자 고민만 말고 내 말을 잘 들어줄 친구와 자기의 갈등을 이야기하는 것이 도움이 됩니다. 누군가 내 이야기를 경청해 줄 때에 변화에 대한 저항이 줄어들기 때문입니다.

2) 청개구리 길들이는 '거울 대화법'

예를 들어서 '아들, 공부 했어, 안 했어? 공부 안 하면 나중에 후회해. 엄마 말이 틀린지 말해봐.'라는 질문의 경우 닫힌 질문이며 강한 권유이기에 저항이 커진다. '아들, 요즘에 공부가 잘 안 되는 이유가 뭘까.'라는 열린 질문을 해서 지시가 아닌 마음을 묻는 것이 저항이 적게 생기고 속 이야기를 들을 수 있다. 그 이야기를 경청하며 자신이 하려는 이야기를 살짝 얹는 것이 반영적 경청이다. '공부를 열심히 하고 싶은데 집중이 안 된다니, 요즘 스트레스가 많아서 그런가 보다. 하루에 10분씩이라도 운동을 하면 어떨까.'라는 방식이다. 엄마의 권유가 들어가 있으나 아들은 자신의 의견에 엄마 의견이 살짝 보태졌기 때문에 저항이 적게 된다.

소통은 내용 이전에 느낌이다. '막히지 아니하고 잘 통함'이란 저 사람의 마음과 내 마음 사이 장애물이 없는 것이다. 장애물이 없는 두 마음 사이에는 다양한 내용이 오고 가는 것이 어려운 일이 아니다. 장애물은 내버려 두고 계속 내용만 바꿔보았자 소통은 일어나지 않는다.

상대가 자신의 말을 듣게 만드는 대화를 하기 위해서는 의지가 어느 정도는 충족된 뒤에 가능하다. 내가 상대방을 도와줘서 상대의 의지가 충족되었다는 인식을 줄 때에 가능하다.

38. 사람의 마음을 얻는 기술: 칭찬 대화법

칭찬은 대인관계의 비타민이다. 늘 상쾌한 기분을 만들어 준다. 칭찬에 관해서 괴테는 다음과 같이 말했다. "타인을 칭찬하면 자기가 낮아지는 것이 아니다. 오히려 자신을 상대방과 같은 자리에 올려놓는 것이다." 혹시 아직 칭찬의 위력을 모른다면, 지금 바로 옆에 있는 사람을 칭찬해 보자. 예로부터 우수한 인재나 유능한 적을 자기편으로 만들기 위해 칭찬하는 것은 최고의 전략이었다. 그렇지만 아무리 좋은 칭찬이라도 테크닉이 부족하거나 조금만 잘못하면 오해를 사기가 쉽다.

책을 쓴다는 것은 무척이나 설레고 즐거운 일이었지만 그만큼 부담감이 컸다. 이 책이 독자들에게 호응을 얻을 수는 있을지, 출판이 가능할지 순간순간 마음이 무거웠다. 그러던 어느 날 오랜만에 연락이 닿은 친구와 만나서 처음으로 우연히 책 이야기를 하게 되었다. 친구는 나에게 "아, 정말 책 너무 기대된다. '제목이 참 좋다. 멋지다.'라며 칭찬을 해주었다." "만약 강연회를 하게 되면 꼭 불러줘, 나도 갈게."라며 초짜 작가인 나를 격려해 주기 위한 말이었는지도 모른다. 그렇지만 칭찬이 진심처럼 들렸고, 친구의 말에 나도 모르게 기분이 좋아졌다.

잊히지 않는 칭찬을 하는 법

선생님의 칭찬 한마디가 학생들의 미래를 바꾼다고 하는 말이 있다. 그래서 나는 어떻게 하면 칭찬을 더 잘할 수 있을지를 항상 고민했다. 그 친구가 건넨 칭찬은 나에게 오랫동안 잊히지 않는 좋은 칭찬이었고 신선한 충격이었다. 과연 왜 그렇게 인상적이었을까? 나름대로 찾아낸 답은 다음과 같다.

1) 칭찬의 의도가 투명하다

칭찬을 하라고 하면 아부하라는 말로 받아들이는 경우가 있다. 물론 칭찬에도 의도는 있다. 상대방의 기분을 좋게 하고 분위기를 화기애애하게 만들기 위해서 한다. 그렇지만 그로 인해서 내가 얻게 될 이점을 기대하지 않는다. 반면 아부는 무조건 상대를 치켜세우며 환심을 사 이득을 얻으려고 한다. 친구의 칭찬은 저자인 나에게 잘 보이려고 한 말이 아니었다. 나를 진심으로 응원해주기 위한 말이었다. 그래서 더더욱 진심으로 느껴진다. 누군가를 칭찬하려고 할 때 계산을 해서는 안 된다. '이런 말을 하면 잘 봐주겠지?'라는 마음으로 칭찬을 하면 자연스럽지가 않다. 상대방의 마음에도 닿을 수 없다. 칭찬은 그저 '나는 당신께 관심이 있습니다.' 혹은 '당신과 소통하고 싶습니다.'라는 신호를 보내는 정도면 충분하다.

2) 내 관심사에 대해 칭찬했다

당시 내 머릿속에 책과 관련된 생각으로 가득 차 있었다. 과연 내 책이

출판이 될지, 좋은 반응을 얻을 수 있을지를 알 수 없어 불안했다. 내 마음을 마치 읽기라도 한 듯이 "제목이 참 좋다. 반응이 좋을 것 같아."라며 말을 해주니 당연히 귀가 번쩍할 수밖에 없다. 잘 해낼 수 있을 것 같은 희망까지 안겨주었으니 감동이 배가된다. 만약 나에게 "얼굴이 그대로라거나, 변한 게 없다."라며 칭찬을 해줬더라면 이렇게까지 인상적인 칭찬은 아니었을 것이다. 현재 그 사람의 관심사와 주 업무에 대해서 구체적으로 칭찬하면 효과는 더 커진다.

상대에게 관심이 있어야 할 수가 있는 칭찬이니 상대도 그 진심을 느껴 마음을 연다. 그렇지 않겠는가. 만약 외모에 관심 없는 상대에게 외모에 대한 칭찬을 한다면 마음은 고맙다. 그렇지만 말 자체는 금방 흘러가 버린다. 기왕 칭찬을 하겠다면 상대방의 관심사가 무엇일지 한 번 더 생각을 해보고 말을 꺼내라. 인사치레로만 하는 칭찬으로 받아들이지 않고 생각보다 더 기뻐할 것이다. 칭찬은 말로 줄 수 있는 가장 커다란 선물이다. 선물을 받고 기뻐하지 않을 사람이 없다. 게다가 선물을 준비하는 데에는 돈과 시간이 들지도 않는다. 칭찬 말고 주는 사람과 받는 사람 모두 부담 없이 기분이 좋아지는 선물이 또 있을까. 칭찬하는 말을 아끼지 말고 건네길 바란다.

1950년대 미국의 어느 시골 마을에서 있었던 일이다. 이 마을에는 앞을 못 보는 어린 흑인 소년이 한 명 있었다. 그 소년은 앞이 보이지 않아서 혼자 조용히 학교를 다니는 아이였다. 하루는 이 소년이 다니는 학교 교실에 쥐 한 마리가 숨어 들어왔다. 갑자기 나타난 쥐 한 마리 때문에 순식간에 교실은 아수라장이 되었다. 아이들은 책상 위에 올라가서 내려오지 못하고 있었다. 어느 순간 쥐는 숨었고 선생님은 쥐를 찾기 위해서 아이들에게 소리쳤다. 아이들이 쥐를 찾기 위해 숨을 죽였고 교실은 조용해졌다.

> 선생님: "얘들아! 쥐가 어디로 갔니?"
> 앞을 보지 못하는 흑인 소년: "선생님, 쥐는 교실 뒤 사물함 뒤쪽에 있어요."
> 선생님: "그래? 그렇구나! 그런데 너는 그걸 어떻게 알 수 있니?"
> 앞을 보지 못하는 흑인 소년: "저는 쥐가 사물함 뒤에서 나무를 긁는 소릴 들을
> 수 있어요."

사물함 뒤를 확인해 보니 실제로 쥐를 찾을 수 있었다. 어린 흑인 소년은 앞을 못 보는 대신 남들보다 훨씬 더 예리한 청력을 가지고 있었던 것이다. 다시 수업을 할 수 있게 되자 선생님은 그 흑인 소년에게 "넌 정말 좋은 귀를 가졌구나. 너의 귀는 이 세상에서 가장 훌륭한 귀란다."라고 모든 학생들 앞에서 말했다. 이 한마디 말이 흑인 소년에겐 정말 큰 힘이 되었다. 앞을 볼 수는 없지만 '좋은 귀를 가지고 무엇을 해봐야겠다.'라는 마음에 음악을 들으며 노래를 하기 시작한 것이다. 훗날, 이 소년은 세계에서 가장 영향력이 있는 대중음악가 중의 한 사람으로 성장했다. 바로 그래미상을 21번이나 수상한 '스티비 원더(Stevie Wonder)' 이야기이다. 이처럼, 좋은 칭찬은 누군가에게 커다란 감동을 선사하고 스스로를 성장시킨다. 동시에 긍정 에너지를 불어넣어 주는 마법이다. 어려운 순간에 고마운 칭찬의 말 한마디가 따뜻하게 가슴에 와 닿으며 '나도 할 수 있다.', '꼭 해

내고 말겠다.' 하는 뜨거운 희망이 샘솟는 것이다. 간절한 순간 이러한 칭찬을 받아 본 사람은 알 것이다. 따뜻한 칭찬을 해준 상대방에 대한 고마움이 평생 동안 잊히지가 않는다는 것을 말이다.

> "우리는 누구나 잘못을 저지르기 쉽다. 아홉 가지의 잘못을 찾아 꾸짖는 것보다 한 가지의 잘한 일을 찾아 칭찬해 주는 것이 그 사람을 올바르게 인도하는 것이다"
>
> _데일 카네기

칭찬은 중요한 대화 기술이다. 그렇지만 어떻게 활용할지 모르는 사람이 많다.

특히 리더가 칭찬에 인색하면 그 조직 분위기 자체가 굉장히 삭막해진다. 칭찬을 제대로 할 줄 아는 것은 리더에게 꼭 필요한 자질이다.

칭찬 대화법

1) 타이밍이 생명이다

말은 항상 타이밍 속에 살아 움직인다. 아무 때나 하는 칭찬은 오히려 독이다. 때에 맞는 좋은 칭찬은 감동과 기쁨을 주지만, 그것이 아니라면 헛소리가 된다. 칭찬은 칭찬할 만한 상황이 생겼을 때 바로 하는 게 좋다. 미루면 그 감흥이 잘 안 산다.

2) 거짓말로 하지 마라

친구가 이상한 옷을 입고 괜찮으냐고 물었을 때에 좋다고 하면 그 옷을 계속 입고 다닐 거다. 불편한 말을 피하는 것은 좋은 처세지만, 굳이 거짓말을 할 필요는 없다. 정직하지 못해 실없는 사람이 되고, 칭찬한 사람도 칭찬 받은 사람도 결과적으로 손해 본다.

3) 진심이 바탕에 있어야 한다

인간에게는 육감이 있어서 솔직함을 몸으로 느낀다. 솔직함은 상대방과 교감하는 중요한 포인트이다. 상대가 나를 진심으로 대해주면 마음 자체가 매력 있게 다가온다. 꼭 좋은 말을 해줘야 상대가 좋아하는 게 아니다. 자기 생각과 감정을 솔직히 전달하는 것도 좋은 칭찬이 될 수 있다.

4) 자만하게 하지 마라

충분히 잘한 상대에게 칭찬을 하면 다음 일에 대한 좋은 동기부여가 될 것이다. 말 한마디가 그 무엇보다 비싼 보상으로 느껴지기도 한다. 그게 너무 과해서 상대방을 자만하게 만들어서는 안 된다. 칭찬은 최대한 담백하게 하라. 굵고 짧아야 한다. 그렇게 임팩트 있게 하는 것이 더 울림이 크다.

5) 희소성을 부여하라

무한대로 있는 것은 아무리 좋은 것이라도 가치를 인정받기 어렵다. 칭찬도 그렇다. 아무 때나 남발하는 칭찬은 희소성이 없어 무가치해진다. 칭찬은 상대방이 자신의 능력 이상의 성과를 보일 때에 진심을 담아서 해라. 그때 비로소 칭찬의 가치는 극대화된다. 칭찬에 인색한 리더는 동료에 대한 애정과 관심이 부족하며 인간적인 매력이 없는 사람이다. 그러한 모습은 옹졸하고 그릇이 작아 리더십이 생기지 않는다. 칭찬을 남발하는 리더는 실속 없고 가벼워 보인다. 리더로서 무게감이 생기지 않는다. 칭찬을 언제 어떻게 해야 되는지는 결국 균형감의 문제다. 그 지점을 스스로 잡을 수 있어야 훌륭한 리더가 될 수 있다.

[소소한 말투 포인트]

칭찬은 상대에게 상쾌한 기분을 만들어 준다. 자신의 긍정적인 생각과 감정을 솔직하게 전달하는 것도 좋은 칭찬이 될 수 있다.

39. 그대의 이름을 먼저 불러준다면

　사람은 누구나 자기만의 빛과 향기를 가졌다. 그 향기와 빛에 걸맞은 이름을 먼저 불러준다면 아마도 특별한 느낌을 받을 것이다. 모든 사람은 다른 사람에게 자기의 빛과 향기에 걸맞은 이름으로 불리고 싶은 욕망과 심리가 있다. 이러한 심리를 마케팅전략으로 활용한 사례가 있다.

　어느 호텔의 등급 심사에서 소형 호텔이 대형 호텔들을 물리치고서 특1급 호텔로 승격을 했다. 이 호텔은 시설 면으로만 봤을 때는 특1급 호텔로는 다소 부족한 점이 있었다. 어떻게 이 호텔이 많은 호텔과 경쟁해서 특1급의 호텔로 승격을 할 수 있었을까.

　바로 이 호텔의 스페셜한 서비스 때문이었다. 스페셜 서비스란 호텔 직원들이 방문객들의 이름을 외워 불러주며 특별한 배려를 선보인 것이다. 직원들이 손님을 특별한 고객으로서 배려하는 인상을 심어주기 위한 전략이었다. 직원들에게 호텔을 찾아오는 손님 이름들을 기억해내며 인사 건네는 고객관리 훈련을 교육시켰다. 고객에게 '정 회장님, 오셨습니까?'라며 인사를 건네면 예외 없이 단골고객이 된다는 것이다. 인사를 받은 상대방은 자기 이름과 직책을 기억해주는 것을 기뻐하기 때문이다. 고객의 이름을 친절하게 불러주는 직원들 서비스가 고객들의 마음을 감동시킨 것이다. 이 호텔이 특1급으로 승격을 할 수 있었다.

이 세상에서 '나'를 나타내는 가장 작은 한마디의 말이 이름이다. 사람은 누군가 자기 이름을 불러주는 것을 의미 있게 여긴다. 그 이름을 기억해주는 것에 매우 민감한 반응을 보인다. 사람과 사람이 친밀감을 나누기 위해 가장 먼저 상대의 이름을 기억해 부르는 것도 그 때문이다. 대부분의 사람들은 다른 사람의 이름을 쉽게 금방 잊어버리거나 기억하지 못한다. 잘 알고 지내는 사람이나 자신에게 중요한 사람일 경우에는 이름을 기억한다. 그렇지 않은 경우는 다른 사람의 이름을 기억할 필요성을 느끼지 못하기 때문이다. 특히 여성들의 경우에 결혼을 하고 나면 자신의 이름보다는 누구 와이프, 누구 엄마로 불린다.

'나'라는 사람을 잘 설명할 수 있는 이름으로 불러주는 것도 상대방에 대한 예의가 된다. 그 사람을 존중한다는 의미를 넘어 관심의 표명이다. 누구든지 자기의 이름이 다른 사람들에게 불릴 때 존재의 이유를 느낀다. 상대방에게 특별한 의미를 주는 이름을 불러주자. 나아가서 상대방의 특별한 날까지 기억해주는 정성을 보인다면 누구라도 마음을 열 수밖에 없다. 실제로 미합중국 우정 장관직을 지냈던 짐 아파리는 5만 명 사람의 이름을 기억하고 있다고 한다. 그는 사람들의 이름과 그들의 특별한 기념일을 외워서 이를 자기의 성공 바탕으로 삼았다고 한다. 사람과 처음 만나는 자리에서 반드시 이름, 가족관계, 정치적인 견해 등을 물어보자.

이를 기억해두고 있다가 다음번에 그 사람을 만날 때에 자연스럽게 이야기할 수 있도록 하자. 그렇게 노력을 하는 전략을 쓴다면 누구든지 성공을 거둘 수 있다. 강철왕 앤드류 카네기는 어릴 적부터 남다른 통솔력을 가졌다고 한다. 그에게는 사람 심리를 다룰 줄 아는 리더 능력이 어려서부터 탁월했다. 카네기가 열 살쯤에 토끼 한 마리를 구했다. 그 토끼가 새끼를 낳자 먹이가 부족해졌다. 그의 묘안은 바로 동네 아이들에게 토끼의 밥이 될 수 있는 풀을 뜯어서 오게 했다. 토끼풀을 가장 많이 뜯어온 사람에게는 그의 이름을 토끼에게 붙여주겠다고 약속을 했다. 그의 계획대로 아이들이 저마다 먹이를 준비해 토끼를 보살폈다는 것이다.

그 후에 카네기는 더 이상 토끼 밥과 토끼 사육에 관한 걱정을 안 해도 되었다. 이런 부분은 카네기가 훗날에 엄청난 거부가 되는 데 밑바탕이 되었다. 그는 자기가 거느린 수많은 기술자들과 공장 노동자들 이름을 기억하기 위해 애썼다. 말단 직원이라도 그 사람의 이름을 불러주며 자긍심을 지닐 수 있도록 배려했다. 이와 같이 사람의 이름은 한 사람의 마음을 다스리는 데 있어서 매우 큰 영향을 끼친다. 많은 사람들을 자기의 편으로 만들고 싶다면, 자기에게 중요한 사람이라면 상대의 이름을 부르자. 상대의 이름을 부드럽고 친근감 있게 부르는 재능이야말로 교제의 으뜸이라고 할 수 있다. 그대의 이름을 불러준다면 그대는 감명 받으리니 이름으로 남을지어다.

남자를 처음 알게 되면 은근히 호칭에 신경이 쓰인다. 당연히 XX 씨라고 부르면 될 것 같은데 뭔가 오글거리는 느낌이 든다. 그럴 때 호칭을 빼고 용건만 전달하는 경우가 있다. 이것은 유혹의 관점에서 보았을 때 잘못된 습관이다. 사람은 누구나 남들의 입에서 자기의 이름이 불리는 것을 즐거워한다. (사무적 관계는 제외하자.) 자부심을 느낀다. 새로운 사람들을 만났을 때에는 대화 중 상대의 이름을 불러줘라. 그는 사람들이 보통 자기의 이름에 훨씬 더 관심 갖는다는 것을 일찌감치 알아차렸다. 다른 사람 이름을 기억하며 편하게 불러주는 것은 은근하고 굉장히 효과적인 칭찬을 하는 것이다. 이름을 잊어버리거나 잘못 불렀다가는 큰 난관에 부딪히게 될 것이다.

사람의 이름을 외워야 한다는 건 너무도 당연한 일이다. 가끔은 아는 사람을 만났다가 이름이 기억나지가 않아 고생한 경험이 한두 번쯤 있을 것이다. 오랜만에 만난 사이라면 서로가 어느 정도 이해를 할 수도 있다. 우연히 알게 된 이성에게 호감을 느꼈는데 다음 날 도통 이름이 기억나지 않을 때가 있다. 그럴 때에는 매우 난감할 수밖에 없다.

얼마 전 친구 생일을 맞아서 무도회장에 다녀왔던 L 군이 그랬다. 평소에 유흥에 관심이 없는 L 군이지만 우연하게 급만남으로 알게 된 K 양에게 호감을 느꼈다. 긴 대화를 나누면서 즐거운 시간을 보냈다. 그런데 다음 날 K 양 이름이 기억나질 않는 것이 아닌가!? '은지'와 '민지'에서 고민을 했다. L 군은 과감하게 '은지'를 택했고 그 덕분에 민지 양은 "다른 사람과 헷갈리셨나 보네요."라는 차가운 문자를 남긴 후 연락을 끊어버렸다. 이런 불상사를 예방하기 위해서라도 오늘부터 새로운 이성을 만났을 때에는 무조건 이름을 묻자. 헤어지기 전까지 이름을 반복해서 말하도록 노력해보자.

초면에 "XX 씨"라는 호칭을 계속 붙이는 것이 다소 어색할 수도 있다. 프랑스의 황제였던 나폴레옹 3세도 그러한 습관으로 만나는 모든 이의 이름을 기억했다. 이름을 제대로 못 들었을 때에 그는 "정말 미안하네. 다시 한번 이름을 말해 주겠는가?" 하며 물었다. 만약에 특이한 이름인 경우에는 "스펠링이 어떻게 되나?" 하고 물었다. 대화 중 그는 일부러 몇 번이고 상대의 이름을 불렀다. 상대방의 특징과 표정, 전체적인 모습을 이름과 연관시켜서 외우려고 애썼다.

-데일 카네기의 인간관계론 2-3. 이것을 못하면 문제에 처한다. 中

물론, 호감 가는 사람 이름을 기억하지 못하는 경우는 흔하지 않다. 앞서 L 군의 경우처럼 갑작스러운 만남이나 짧은 만남에서는 정작 의외로 이름을 기억 못 한다. 상대방과 호감을 주고받으면서 이름을 외우고 부른다는 것은 너무나 당연한 일이다. 만약 이름을 기억하지 못할 때에는 L 군과 같이 슬픈 결말을 맞게 될 것이다. 상대의 이름을 반복해서 부르면 사람의 이름을 쉽게 기억하게 만들어 준다. 상대에게 호감을 줄 수 있으니 꼭 명심하자. (문자나 이메일을 주고받을 때에도 중간중간 상대의 이름을 언급하자. 상대방의 집중도를 끌어올릴 수 있다.)

새로 만난 사람들의 이름을 외우고 부르는 것은 상대방과 친밀감을 형성하는 핵심적인 방법이다. 반면 상대방의 이름을 잘 기억하지 못하거나 틀린 이름을 부르는 경우는 좋지 않다. 사업상 관계에도, 개인적인 인맥에도 악영향을 미친다. 남녀 관계에서도 마찬가지로, 자기의 이름도 정확히 모르는 사람에게는 호감이 식는다. 즉, 슈퍼파워 암기법은 인맥을 만들 때도, 경력을 쌓을 때도 필요하다. 또한 고객들에게 서비스를 제공할 때에도 반드시 필요하다.

첫 만남에 바로 사람들 이름을 외우는 4단계 암기법칙

국제 암기력 전문가인 체스터 산토스 著《슈퍼파워 암기법》中

1단계 - 소개받는 즉시 상대의 이름을 부르며 악수한다.

2단계 - 대화 초반에 간단한 질문을 하면서 상대방의 이름을 한두 번 불러본다.

3단계 - 상대의 이름과 이미 알고 있는 인물과 사물 사이의 연관성을 찾아본다.

4단계 - 이름을 부르면서 작별 인사를 한다.

[소소한 말투 포인트]

사람은 누구든지 자기의 이름이 다른 사람들에게 불릴 때 존재의 이유를 느낀다. 상대의 이름을 기억해두었다가 편하게 불러주어 은근하고 굉장히 효과적인 칭찬을 하자!

40. 웃는 얼굴로 행복감을 감염시켜라

웃는 얼굴의 감염 효과

사람의 마음이 열린 상태는 과연 어떤 때를 의미할까? 바로 '행복한 상태'일 때다. 사람은 행복한 기분이 들 때에 자연스럽게 마음이 열려 타인에게 친절해진다. 돕고 싶은 마음이 높아지고 다른 사람이 하는 말을 순순히 따르려고 한다. 상대방을 설득하는 데 성공하고 싶으면 일단 상대를 행복한 상태로 만드는 것이 우선이다. 상대방을 행복한 상태로 만들어야 내가 하는 말도 쉽게 받아들이기 때문이다. 그럼 어떻게 해야 상대를 행복한 상태로 만들 수 있을까? 아주 간단하다. 나부터 싱글벙글하는 웃는 얼굴을 보여주면 된다. 내가 웃는 얼굴을 보여주면 상대방도 그 영향을 받아서 미소 짓는다. 웃는 얼굴을 보여주면 마음도 끌려 행복해진다.

암스테르담 대학교 애닉 브루트(A. Vrugt)는 남녀 대학생들에게 부탁해서 실험을 했다. 쇼핑몰에서 쇼핑하는 고객들에게 말을 걸게 하였다. 학생들은 동물보호단체에서 나온 사람이라며 자기를 소개한 후에 모금을 제안했다. 브루트는 절반의 쇼핑몰 고객들에겐 웃는 얼굴로 접근해서 말하라고 학생들에게 미리 부탁했다. 그들이 다가가 말을 거는 장면을 10미터 정도에 떨어진 장소에서 다른 관찰자가 몰래 관찰했다. 그러자 학생들이 웃는 얼굴로 다가간 경우에 64.9퍼센트의 고객도 웃어 줬다고 한다. 미소는 미소를 끌어내는 효과가 있다고 한다. 웃어준 고객에게 "기부하시겠어요?"라고 부탁을 하자 51.3퍼센트가 흔쾌히 응했다고 한다.

그다음으로 학생들이 최대한 무표정으로 쇼핑몰 고객들에게 다가갔다. 그러자 이번에는 64.7퍼센트가 무표정이었다고 한다. 자신이 무표정이면 상대도 무표정한 태도를 취한다. 이때는 모금을 부탁해도 29.3퍼센트만 기부에 응했다고 한다. 웃었을 때와 비교하면 절반 정도만 응한 것이다. 남편이나 아내에게 뭔가 부탁할 때에는 일단 웃으면서 말을 걸자. 그러면 분명히 내 말을 들어줄 확률은 올라갈 것이다.

다음은 아내와 남편의 저녁 식사 대화이다.

아내: "뭐예요? 당신 무슨 일 있어요? 갑자기 왜 싱글싱글 웃는 거예요?"
남편: "난 행복한 놈이구나 싶어서요"
아내: "바보 같은 소리 그만하고 얼른 저녁 먹어요."
남편: "알았어요. 새 골프 클럽을 사고 싶은데 괜찮을까요."
아내: "뭐, 괜찮아요."
남편: "오, 고마워요! 역시 난 행복한 놈이야!"

이런 느낌으로 나 먼저 웃으며 부탁하면 상대방도 좀처럼 'NO'라고 하기가 어려워진다. 웃는 얼굴로 행복한 상태가 된 사람들은 다른 사람 부탁을 쉽게 거절하지 못한다. 참고로 내가 웃는 얼굴을 보여주면 30초 만에 상대방도 웃어준다는 데이터가 있다. 스웨덴 웁살라 대학교 울프샌드버그

(Ulf Sandberg)가 실험하여 밝혀낸 것이다. 우리는 웃는 사람의 사진을 보면 30초 만에 저절로 따라서 웃는다고 한다. 웃는 얼굴의 감염 효과는 이처럼 매우 강력하다. 내가 웃으면서 30초만 이야기를 하면 상대방도 따라 웃는다. '상대방도 웃기 시작했구나.'라고 느낀 뒤에 용건을 말하면 단번에 거절당하는 일은 없을 것이다.

아기의 귀여운 미소는 생존 전략이라는 주장이 있다. 미소의 힘은 이렇게 강력하다. 미소는 상대방을 외향적이며 사회성이 뛰어난 사람으로 판단하도록 하는 단서가 된다. '동기와 정서(Motivation and Emotion)저널'에 실린 한 연구의 내용이다. 미소는 성별이나 인종에 대한 선입견을 깨는 데도 도움이 된다. 이처럼 미소와 웃음의 힘은 생각보다 훨씬 강력하다. 오늘의 나는 미소 지을 정도로 기분이 좋다. 나는 누군가를 미소 짓게 할 수 있고, 행복하게 만들 수 있다. 내가 미소를 지을 때, 스트레스를 덜 받는다. 내가 힘든 시간을 보내고 있을 때에 내가 웃는 얼굴을 하면 감당을 할 수 있을 것 같은 기분이 들기도 한다. 미소가 나를 풀어준다. 뇌가 웃을 때에 엔도르핀이 방출되기 때문이다.

미소 및 웃음의 힘

엔도르핀은 긍정적인 분위기에서 방출된다. 즐거움을 느끼며, 두뇌 통증에 대한 둔감함을 보완하는 역할을 한다. 우리가 웃을 때, 스트레스 호르몬인 코르티솔을 방출하는 양이 줄어든다. 이를 보완하기 위해서 뇌는 긍정적인 감정과 관련된 물질 도파민을 방출한다. 우리가 웃으면서 신체에서 부정적인 에너지를 배출해낸다. 심리학자, 프로이트가 말한 것처럼 말이다. 반면, 다른 사람들이 우리를 웃게 만들 때는 어떻게 될까? 우리의 뇌가 산화되어서, 변연계가 활성화되기 때문에 기억력이 좋아지게 된다. 상대방에게 기억하기를 바라는 것을 말하기 전 먼저 상대방을 웃게 만들자.

다음은 내가 좋아하는 법정 스님의 글귀이다.

> 우주의 기운은 자력과 같아서
> 우리가 어두운 마음을 지니고 있으면
> 어두운 기운이 몰려온다.
>
> 그러나 밝은 마음을 지니고
> 긍정적이고 낙관적으로 살면
> 밝은 기운이 밀려와
> 우리의 삶을 밝게 비춘다.
> -법정 스님

실제로 나는 이러한 긍정 에너지를 믿고 실천하면서 살아왔다. 때로는 힘들거나 어려운 일들이 많았다. 그때마다 긍정적인 생각과 오히려 밝은 얼굴로 주변 사람들을 대했다. 그러한 결과 밝은 에너지가 나의 어두운 에너지를 바꿔 놓았다. 내 주위 친구는 나에게 평소에 열심히 살며 긍정 에너지를 가지고 있다고 얘기를 해주었다. 힘들 때마다 밝게 웃으려고 노력을 하니 실제로 긍정적인 에너지가 생긴 것이다. 이러한 효과를 실제로 경험을 했고 연구를 통해서도 증명되었다. 삶이 어려운가? 살면서 힘든 일이 생겼나? 그럼에도 불구하고 항상 웃어라. 당신의 긍정 에너지가 당신을 도울 것이다.

> "입 꼬리가 밀려서 올라가고 눈에서는 빛이 나며 눈가에 주름이 잡히는 웃음'이
> '진짜 미소' 이다. 진짜 미소를 상대방에게 보여주면 상대도 미소 짓는다."
>
> – 심리학자 다처 켈트너

[소소한 말투 포인트]

웃는 얼굴의 감염 효과는 매우 강력하다! 웃는 얼굴로 행복한 상태가 된 사람들은 다른 사람 부탁을 쉽게 거절하지 못한다. 오늘부터는 긍정 에너지를 주위에 전파해 보자.

참고문헌

장차오 지음, 하은지 옮김,《끌리는 말투에는 비밀이 있다》, 10쪽.

사이토 다카시 지음,《사소한 말 한마디의 힘》, 6~8쪽.

셀레스트 헤들리 지음, 김성환 옮김,《말센스》, 43~53쪽.

육문희 지음,《지성인의 언어》, 116~121쪽.

김범준 지음,《모든 관계는 말투에서 시작된다》, 24쪽.

정유희 지음,《듣고 싶은 한마디, 따뜻한 말》, 230~235쪽.

폴렛 데일 지음, 조영희 옮김,《공격적이지 않으면서 단호하게 나를 표현하는 대화의 기술》, 108~113쪽.

샘 혼 지음, 이상원 옮김,《적을 만들지 않는 대화법》, 21~24쪽.

장차오 지음, 하은지 옮김,《끌리는 말투에는 비밀이 있다》, 152~155쪽.

이서정 지음,《이기는 대화》, 223~226쪽.

류라나 지음, 이에스더 옮김,《하버드 100년 전통 말하기 수업》, 325~331쪽.

셀레스트 헤들리 지음, 김성환 옮김,《말센스》, 212~229쪽.

류라나 지음, 이에스더 옮김,《하버드 100년 전통 말하기 수업》, 117~122쪽.

고구레 다이치 지음, 황미숙 옮김,《횡설수설하지 않고 정확하게 설명하는 법》, 94~100쪽.

래리 킹 지음, 강서일 옮김,《대화의 신》, 86~93쪽.

류라나 지음, 이에스더 옮김,《하버드 100년 전통 말하기 수업》, 310~317쪽.

나이토 요시히토 지음, 김한나 옮김,《말투 하나 바꿨을 뿐인데》, 15~19쪽.

박혜수 지음,《말투디자인》, 49~50쪽.

위의 책, 50~51쪽.

위의 책, 51~54쪽.

우메다 사토시 지음, 유나현 옮김,《말이 무기다》, 44~53쪽.

위의 책, 50~53쪽.

김영돈 지음,《말주변이 없어도 대화 잘하는법》, 263~269쪽.

오수향 지음,《원하는 것을 얻는 사람은 3마디로 말한다》, 221~224쪽.

김범준 지음,《모든 관계는 말투에서 시작된다》, 75~78쪽.

위의 책, 79~82쪽.

위의 책, 127~129쪽.

위의 책, 51~54쪽.

류리나 지음, 이에스더 옮김,《하버드 100년 전통 말하기 수업》, 112~115쪽.

육문희 지음,《지성인의 언어》, 225~228쪽.

최찬훈 지음,《밀턴 에릭슨의 우회대화법》, 131~134쪽.

위의 책, 4~13쪽.

후쿠다 다케시 지음, 강성욱 옮김,《말투가 인성이다》, 55~57쪽.

위의 책, 70~71쪽.

나이토 요시히토 지음, 김한나 옮김,《말투 하나 바꿨을 뿐인데》, 187~190쪽.

고구레 다이치 지음, 황미숙 옮김,《횡설수설하지 않고 정확하게 설명하는 법》,
    72~81쪽.

래리 킹 지음, 강서일 옮김,《대화의 신》, 81~82쪽.

장차오 지음, 하은지 옮김,《끌리는 말투에는 비밀이 있다》, 46~48쪽.

사이토 다카시 지음,《사소한 말 한마디의 힘》, 83~87쪽.

폴렛데일 지음, 조영희 옮김,《공격적이지 않으면서 단호하게 나를 표현하는 대화의
    기술》, 107~108쪽.

장차오 지음, 하은지 옮김,《끌리는 말투에는 비밀이 있다》, 49~50쪽.

후쿠다 다케시 지음, 강성욱 옮김,《말투가 인성이다》, 76~77쪽.

육문희 지음,《지성인의 언어》, 228~229쪽.

최찬훈 지음,《밀턴 에릭슨의 우회 대화법》, 194~197쪽.

사이토 다카시 지음, 양수현 옮김,《사소한 말 한마디의 힘》, 167~170쪽.

이서정 지음,《이기는 대화》, 159~162쪽.

나이토 요시히토 지음, 김한나 옮김, 《말투 하나 바꿨을 뿐인데》, 98~101쪽.

참고 링크

동조실험 https://blog.naver.com/minamdaddy/222161536929

오바마의 유머감각 https://www.segye.com/newsView/20131022002170?OutUrl=naver

기분 나쁘지 않게 반대 의견을 피력하기 https://careernlife.tistory.com/101

'착한 직장인 콤플렉스'에서 벗어나라 https://www.ohmynews.com/NWS_Web/View/at_pg.aspx?CNTN_CD=A0000356243

부드럽게 그러나 당당하게 NO!…거절의 긍정학 https://www.mk.co.kr/news/culture/4369062

난 청개구리 https://www.joongang.co.kr/article/17314621https://www.joongang.co.kr/article/17314621

칭찬의 스피치는 마법이다 https://www.kookminnews.com/6369

좋은 칭찬의 5가지 원칙http://moneyman.kr/archives/1047

모든 사람의 인생은 말투에서 결정된다

초판인쇄 2024년 09월 27일
초판발행 2024년 09월 27일

지은이 이효정
펴낸이 채종준
펴낸곳 한국학술정보(주)
주 소 경기도 파주시 회동길 230(문발동)
전 화 031-908-3181(대표)
팩 스 031-908-3189
홈페이지 http://ebook.kstudy.com
E-mail 출판사업부 publish@kstudy.com
등 록 제일산-115호(2000. 6. 19)

ISBN   979-11-7217-549-8   03040

이 책은 한국학술정보(주)와 저작자의 지적 재산으로서 무단 전재와 복제를 금합니다.
책에 대한 더 나은 생각, 끊임없는 고민, 독자를 생각하는 마음으로 보다 좋은 책을 만들어갑니다.